新思想指导成都新实践系列丛书

文化创新
世界文化名城的成都实践

胡越英 冯婵 孙艳 张羽军 著

四川大学出版社
SICHUAN UNIVERSITY PRESS

图书在版编目（CIP）数据

文化创新：世界文化名城的成都实践 / 胡越英等著. — 成都：四川大学出版社，2022.11
（新思想指导成都新实践系列丛书）
ISBN 978-7-5614-5156-4

Ⅰ．①文… Ⅱ．①胡… Ⅲ．①文化名城－城市建设－研究－成都 Ⅳ．①F299.277.11

中国版本图书馆CIP数据核字（2022）第213353号

书　　名：	文化创新：世界文化名城的成都实践
	Wenhua Chuangxin:Shijie Wenhua Mingcheng de Chengdu Shijian
著　　者：	胡越英　冯　婵　孙　艳　张羽军
丛 书 名：	新思想指导成都新实践系列丛书

丛书策划：杨岳峰
选题策划：杨岳峰　李　耕
责任编辑：李　耕
责任校对：荆　菁
装帧设计：李其飞
责任印制：王　炜

出版发行：四川大学出版社有限责任公司
　　地址：成都市一环路南一段24号（610065）
　　电话：（028）85408311（发行部）、85400276（总编室）
　　电子邮箱：scupress@vip.163.com
　　网址：https://press.scu.edu.cn
印前制作：成都完美科技有限责任公司
印刷装订：四川盛图彩色印刷有限公司

成品尺寸：170 mm×240 mm
印　　张：9
字　　数：177千字

版　　次：2022年11月 第1版
印　　次：2022年11月 第1次印刷
定　　价：48.00元

本社图书如有印装质量问题，请联系发行部调换

版权所有 ◆ 侵权必究

四川大学出版社
微信公众号

"新思想指导成都新实践系列丛书"
编纂说明

党的十八届五中全会提出了"创新、协调、绿色、开放、共享"的新发展理念。"创新是引领发展的第一动力,协调是持续健康发展的内在要求,绿色是永续发展的必要条件和人民对美好生活追求的重要体现,开放是国家繁荣发展的必由之路,共享是中国特色社会主义的本质要求。"

新发展理念作为一个整体,为我们指明了今后发展的动力、目的、方式和路径问题,我们必须"完整把握、准确理解、全面落实,把新发展理念贯彻到经济社会发展全过程和各领域"。新时期以来,成都努力践行新发展理念,探索内陆超大型城市的现代化发展道路。本丛书正是秉持创新、协调、绿色、开放、共享的新理念,分别从社会治理、文化创新、党建引领、生态文明、区域协调、城乡融合六个角度,总结梳理了成都在城市治理现代化、世界文化名城建设、城市基层党建、公园城市建设、成渝地区双城经济圈建设、城乡融合发展试验区建设等方面极富地方特色的营城方法和历程。

丛书之一《治理现代化:超大城市治理的成都实践》认为,探索城市社会治理体系和治理能力现代化,既是成都建设国家中心城市应履行的重要使命,也是成都高质量建设公园城市实践可持续发展的现实需求。因此,该书以习近平总书记关于社会治理及城市工作的重要论述为根本遵循,聚焦新时代成都市推进社会治理体系和治理能力现代化的生动实践,全面梳理和系统总结成都市推进超大城市社会治理的创新举措和新鲜经验,并紧密结合新发展阶段、新发展理念和新发展格局的要求,提出新征程上成都完善超大城市社会治理体系的关键路径和重要举措,以及具有针对性、操作性的政策建议,对新征程上推进成都社会治理现代化新实践具有较强的理论和现实意义。

丛书之二《文化创新:世界文化名城的成都实践》尝试着将"创新文化""文化创新"等基本学理同成都世界文化名城建设的具体实践结合起来进行大

胆的分析，希望在理论与实践的交相辉映中找到成都创新性高质量发展的文化逻辑。该书同时对国内外城市创新文化的模式、演化等要素进行了分类整理，结合成都市创新生态的历史基础、基本状况、时代机遇和实践探索等，归纳了成都建设世界文化名城的创新生态的优化策略与路径。著作以宽广的学术视野和对成都文化的深入理解，对成都文化创新以建设世界文化名城进行了较深入的分析、归纳和总结，兼具学术创新和实践指导价值。

丛书之三《党建引领：基层治理的成都实践》紧紧围绕党建引领的基调，以习近平总书记关于党的建设重要思想作为理论指导，对成都市郫都区唐昌镇战旗村、成都交子金控集团、成都文旅集团、电子科大通信学院电工系研究生第五支部、成都市下涧槽社区等乡村、企业、高校、社区基层党建工作进行深入的调研，总结出了一般性的可借鉴、可推广、可复制的规律，达到了透过现象看本质的科学研究要求。这些丰富而生动的基层治理实践案例既有理论剖析，又有实践解读，彰显出党建引领成都基层治理的成效。

丛书之四《生态文明：公园城市的成都实践》同样是运用马克思主义理论特别是习近平生态文明思想，对成都市公园城市建设中的重大理论和实践问题进行了深入探讨，系统总结了成都市公园城市建设的实践经验及典型案例，为国内外公园城市发展实践提供了重要支撑和参考借鉴，具有较强的科学性、学术性、应用性和引领性。

丛书之五《区域协调：成渝地区双城经济圈实践》以习近平总书记关于区域协调发展的重要论述为基础，全面揭示了成渝地区双城经济圈建设的时代背景与战略意义。同时，深入分析了成渝地区双城经济圈建设面临的挑战和机遇，明确了建设总目标。另外，该书还从多维度分析了成渝地区双城经济圈建设的支撑定位及重要任务，对重构经济圈良性竞合关系的体制机制进行了探讨，有益于我们更深入地理解成渝地区双城经济圈战略。

丛书之六《城乡融合：成都试验区实践》从背景、现状、目标、路径和启示等方面对成都城乡融合发展试验区建设的历程、做法进行了实践案例展示和理论分析。研究立足"成都建设践行新发展理念的公园城市示范区"的时代背景，紧紧围绕《关于国家城乡融合发展试验区实施方案》为成都市推进国家城乡融合发展试验区建设提出的五个方面的要求，用"新发展理念"理论框架来梳理成都经验，考察和总结成都实践，对"成都样本"的推广和推动城乡融合发展工作具有重要价值。

书稿付梓适逢党的二十大胜利召开，大会报告指出，"从现在起，中国共产党的中心任务就是团结带领全国各族人民全面建成社会主义现代化强国、实现第二个百年奋斗目标，以中国式现代化全面推进中华民族伟大复兴"。何为中国式现代化？就是"中国共产党领导的社会主义现代化，既有各国现代化的共同特征，更有基于自己国情的中国特色"。四川成都，这个地处祖国西南、人口近2300万、聚合众多"典型中国"特征的内陆城市，其在政治、经济、文化、党建、生态文明等方面的探索实践，可以说是中国特色现代化建设探索实践的重要组成部分。希望这套"新思想指导成都新实践"丛书能为中国特色、成都风范的现代化建设和中华民族的伟大复兴奉上吾辈绵薄之力。

"新思想指导成都新实践系列丛书"编务组
2022 年 10 月

目 录

第1章 新时代文化建设呼唤创新文化 …………………………………（ 1 ）
 1.1 习近平总书记关于创新的重要论述 ……………………………（ 1 ）
  1.1.1 "创新发展"理念 …………………………………………（ 1 ）
  1.1.2 新时代文化建设中的创新观 ……………………………（ 4 ）
 1.2 "十三五""十四五"时期国家关于创新的谋划 ………………（ 5 ）
  1.2.1 国家"十三五"规划中的创新观 ………………………（ 5 ）
  1.2.2 国家"十四五"及远景规划中的创新观 ………………（ 6 ）
 1.3 创新对于成都建设世界文化名城的意义 ………………………（ 8 ）
  1.3.1 创新是"新发展理念"的首要理念 ……………………（ 8 ）
  1.3.2 创新是成都城市文化的组成部分 ………………………（ 9 ）
  1.3.3 创新是成都"十四五"规划的重要谋划 ………………（ 10 ）

第2章 创新文化基本理论 ………………………………………………（ 12 ）
 2.1 创新文化基本内涵 ………………………………………………（ 12 ）
 2.2 创新文化属性：精神性、物质性、批判性、包容性 …………（ 14 ）
 2.3 城市创新文化评价要素 …………………………………………（ 15 ）

第3章 国内外其他城市创新文化概况 …………………………………（ 18 ）
 3.1 国内部分城市创新文化模式 ……………………………………（ 18 ）
  3.1.1 北京：国际创新型首都建设 ……………………………（ 18 ）
  3.1.2 深圳：从南海边陲小镇到国际化创新型城市 …………（ 21 ）
  3.1.3 上海：从长三角大码头到国际创新城市 ………………（ 25 ）
  3.1.4 广州：科技创新为核心的全面创新 ……………………（ 27 ）
  3.1.5 南京："天下文枢"变身"创新名城" ………………（ 30 ）
  3.1.6 武汉：以创新为引擎提档加速 …………………………（ 32 ）
 3.2 国外典型城市创新文化模式 ……………………………………（ 35 ）
  3.2.1 纽约：规划引领城市创新 ………………………………（ 35 ）

3.2.2　阿姆斯特丹：智慧城市战略促动城市创新 …………（ 36 ）
　　3.2.3　伦敦：文化创意推动城市创新 ………………………（ 38 ）
　　3.2.4　东京：控制全球产业链，驱动城市创新 ……………（ 38 ）

第4章　成都创新生态的历史基础…………………………………（ 40 ）

4.1　成都历史上的创新概况 …………………………………………（ 40 ）
　　4.1.1　从古蜀至三国：多方协同的创新举措赢得"天府之国"的美誉 ……………………………………………………（ 40 ）
　　4.1.2　从隋唐至两宋：全社会的创新迭出合力开启繁荣鼎盛的黄金时代 ………………………………………………（ 41 ）
　　4.1.3　元明清以降：根植的创新精神促进迅速恢复与近代化转型 ………………………………………………………（ 42 ）

4.2　成都历史上的创新生态 …………………………………………（ 43 ）
　　4.2.1　肇始于自然的手工业创新：蜀锦的经久不衰 ………（ 43 ）
　　4.2.2　从金属货币到纸币的金融业创新：交子的诞生 ……（ 45 ）
　　4.2.3　聚才育人的绘画创新：西蜀画院的巅峰时代 ………（ 47 ）
　　4.2.4　融汇南北的曲艺创新：川剧的形成和兴盛 …………（ 49 ）

4.3　成都城市创新生态的历史积淀与启示 …………………………（ 51 ）
　　4.3.1　以融合包容为源泉：多元并包的移民精神 …………（ 51 ）
　　4.3.2　以执着务实为核心：不断钻研的实践精神 …………（ 53 ）
　　4.3.3　以致远进取为动力：敢为人先的开创精神 …………（ 54 ）
　　4.3.4　以系统观念为基础：互相促进的协调发展 …………（ 55 ）

第5章　成都创新生态基本状况…………………………………（ 56 ）

5.1　新中国成立以来成都创新发展的阶段特征 ……………………（ 56 ）
　　5.1.1　计划经济下的城市创新起步（1949年至20世纪80年代初期） ……………………………………………………（ 57 ）
　　5.1.2　市场转型中的创新文化培育（20世纪80年代中后期至21世纪初） ……………………………………………（ 59 ）
　　5.1.3　成熟市场中的创新文化构建（2000年以来） ………（ 62 ）

5.2　从创新要素的角度看成都创新文化的特性 ……………………（ 65 ）
　　5.2.1　创新主体 ………………………………………………（ 65 ）
　　5.2.2　创新环境 ………………………………………………（ 74 ）
　　5.2.3　创新人才 ………………………………………………（ 78 ）

5.3 从城市创新网络演化拓展的角度看成都创新文化的特性 …… (79)
  5.3.1 院士专家提供智力支撑，联盟协同推动产业创新 ……… (79)
  5.3.2 城市合作促进资源共享，区域协同打造创新平台 ……… (80)
  5.3.3 搭建联合创新机构，提升教育国际水平 ……………… (82)
  5.3.4 加强国际项目合作，提升城市创新水平 ……………… (83)
  5.3.5 优化国际营商环境，拓展企业发展空间 ……………… (83)
5.4 成都城市创新功能的演化 ……………………………………… (84)
  5.4.1 科技成果转化：从知识生产到知识应用 ……………… (84)
  5.4.2 创意名城：创新功能的专业化与科技经济的一体化 … (85)
  5.4.3 公园城市示范区：营城模式的重大革新 …………… (89)
5.5 成都城市创新文化关系评价 ………………………………… (90)
  5.5.1 创新资源利用度评价 ………………………………… (90)
  5.5.2 创新环境友好度评价 ………………………………… (90)
  5.5.3 创新服务完善度评价 ………………………………… (91)

第 6 章 成都创新生态营造的时代机遇与实践探索 ……………… (92)
6.1 成都创新生态营造的时代机遇 ………………………………… (92)
  6.1.1 参与"一带一路"和长江经济带建设的战略机遇 …… (92)
  6.1.2 服务双循环新发展格局的战略机遇 ………………… (93)
  6.1.3 推动成渝地区双城经济圈建设的区域发展 ………… (94)
6.2 成都建设践行新发展理念公园城市示范区的创新生态营造实践
      ………………………………………………………………… (95)
  6.2.1 践行新发展理念公园城市示范区的发展目标 ……… (95)
  6.2.2 构建理论创新的支撑体系 …………………………… (96)
  6.2.3 规划空间创新的城市形态 …………………………… (96)
  6.2.4 激发城市活力，创新运营模式 ……………………… (97)
6.3 成都建设世界文化名城的创新生态营造实践 ……………… (98)
  6.3.1 成都建设世界文化名城的战略定位 ………………… (99)
  6.3.2 创新文化遗产保护和利用路径 ……………………… (100)
  6.3.3 创新公共文化服务方式 ……………………………… (101)

第 7 章 成都世界文化名城建设中的创新基本要素分析 ………… (103)
7.1 成都世界文化名城建设的投入分析 ………………………… (104)
  7.1.1 成都世界文化名城建设中的创新人才和经费投入情形 … (104)

  7.1.2 成都世界文化名城建设相关领域经费投入情形 …………（ 106 ）
  7.1.3 成都世界文化名城建设中的消费端投入情形 ……………（ 107 ）
 7.2 成都世界文化名城建设中的创新产出情形 ………………………（ 108 ）
  7.2.1 成都科研学术成果的投入产出概况 ………………………（ 108 ）
  7.2.2 成都世界文化名城建设中的经济产出基本情形 …………（ 112 ）
  7.2.3 成都世界文化名城建设的社会价值产出 …………………（ 114 ）
 7.3 成都世界文化名城建设中的创新环境 ……………………………（ 116 ）
  7.3.1 成都世界文化名城建设中的政策环境 ……………………（ 116 ）
  7.3.2 成都世界文化名城建设平台 ………………………………（ 117 ）
  7.3.3 成都世界文化名城建设中的系统性开放环境 ……………（ 117 ）

第 8 章　成都世界文化名城建设创新生态的优化策略与路径…………（ 119 ）
 8.1 成都世界文化名城建设的 SWOT 态势及对策 ……………………（ 119 ）
  8.1.1 成都世界文化名城建设的 SWOT 基本态势 ………………（ 119 ）
  8.1.2 成都世界文化名城建设中的创新能力 SWOT 对策 ………（ 121 ）
 8.2 成都世界文化名城建设过程中的 SO 增长性发展对策与 WO
   扭转性发展对策 ……………………………………………………（ 122 ）
  8.2.1 SO 增长性发展对策 …………………………………………（ 122 ）
  8.2.2 WO 扭转性发展对策 …………………………………………（ 123 ）
 8.3 成都世界文化名城建设过程中的 ST 多元发展对策与 WT 前瞻
   性防御对策 …………………………………………………………（ 124 ）
  8.3.1 ST 多元发展对策 ……………………………………………（ 125 ）
  8.3.2 WT 前瞻性防御对策 …………………………………………（ 126 ）
 8.4 动态、整体而持续地优化城市创新生态 …………………………（ 127 ）
  8.4.1 提高成都社会科学研究经费使用效率 ……………………（ 127 ）
  8.4.2 "扩二促三"：将人员流转化为人才流、资金流、技术流
   ………………………………………………………………（ 129 ）

参考文献 ………………………………………………………………………（ 131 ）
后　记 …………………………………………………………………………（ 133 ）

第1章
新时代文化建设呼唤创新文化

1.1 习近平总书记关于创新的重要论述

1.1.1 "创新发展"理念

党的十八大以来,习近平总书记高瞻远瞩,为了实现"两个一百年"奋斗目标和中华民族伟大复兴的中国梦,高举创新旗帜,将创新置于全局性位置,以创新驱动发展战略为纲,提出了一系列新思想、新论断、新要求。[①] 党的十八届五中全会将"创新"摆在五大发展理念之首,并将习近平总书记提出的"创新是引领发展的第一动力"重要论断作为创新发展理念的进一步阐释,强调要"让创新贯穿党和国家一切工作,让创新在全社会蔚然成风"[②]。新中国成立以后,尤其是改革开放以来,我们党将创新摆在重要的战略位置。世界科技发展大势浩浩荡荡,新近一轮的科技革命和产业变革风起云涌,我国发展进入"双循环"新态势,创新又被赋予了新的时代含义。[③] 习近平总书记指出:"坚持创新发展,是我们分析近代以来世界发展历程特别是总结我国改革开放成功实践得出的结论,是我们应对发展环境变化、增强发展动力、把握

[①] 唐国军. "创新是引领发展的第一动力"——习近平与创新发展理念的提出 [J]. 党的文献,2017(2):26.

[②] 中共中央文献研究室. 习近平关于科技创新论述摘编 [A]. 北京:中央文献出版社,2016:9.

[③] 唐国军. "创新是引领发展的第一动力"——习近平与创新发展理念的提出 [J]. 党的文献,2017(2):26.

发展主动权,更好引领新常态的根本之策。"① 创新发展理念的提出,意味着只有将创新作为发展的燃料和动力源,从根本上、从方法论上创新创造发展的新模式,加强和把握全球创新"全产业链思维",才能为我国创造一个新的更长的增长周期,从而把发展的主动权牢牢掌握在自己手里。② 习近平总书记深刻指出:"实施创新驱动发展战略,是应对发展环境变化、把握发展自主权、提高核心竞争力的必然选择,是加快转变经济发展方式、破解经济发展深层次矛盾和问题的必然选择,是更好引领我国经济发展新常态、保持我国经济持续健康发展的必然选择。"③

"创新是引领发展的第一动力"这一理念是以习近平同志为核心的党中央经过深思熟虑作出的事关全局的战略性论断,把对创新与发展关系的认识提升到了一个新层面。党的十八届五中全会进一步将创新摆在发展全局的枢机性位置(即"核心位置")。这一定调的内涵,主要包括四点。

一是创新在五大发展理念中居于核心地位。习近平总书记指出:"协调发展、绿色发展、开放发展、共享发展都有利于增强发展动力,但核心在创新。"④ 显然,创新是涉及全局的核心,对其他几大发展理念的贯彻实施起着决定性作用。我们要推动几大发展理念共同协调的贯彻实施,就是要围绕创新这个核心,在新空间、新机遇、新引擎的打造方面狠下功夫,有体系地协调发展新型工业化、信息化、城镇化、农业现代化,最终在顶层设计的高度和意义上同时推进城市和乡村、经济和社会、物质文明和精神文明、经济建设和国防建设等大步前进。⑤

二是在各方面的创新,包括推动理论、制度、科技、文化等方面创新。习近平总书记强调,必须"不断推进理论创新、制度创新、科技创新、文化创新

---

① 习近平. 在省部级主要领导干部学习贯彻党的十八届五中全会精神专题研讨班上的讲话 [M]. 北京:人民出版社,2016:9.
② 唐国军. "创新是引领发展的第一动力"——习近平与创新发展理念的提出 [J]. 党的文献,2017(2):27.
③ 习近平. 为建设世界科技强国而奋斗:在全国科技创新大会、两院院士大会、中国科协第九次全国代表大会上的讲话 [M]. 北京:人民出版社,2016:6.
④ 中共中央文献研究室. 习近平关于全面建成小康社会论述摘编 [A]. 北京:中央文献出版社,2016:60.
⑤ 唐国军. "创新是引领发展的第一动力"——习近平与创新发展理念的提出 [J]. 党的文献,2017(2):29.

等各方面创新"。① 从马克思主义角度出发，理论的突破和飞跃有利于提升人类的认知，从而解放全人类思想，为唤醒创新的根本生命动力赋予思想支持。同时，制度创新可以打破制度牢笼和藩篱，为其余创新行为提供规则性的支持和保障。另外，科技的创新有利于提升原有的知识水平，打破国外对我们的技术封锁，不仅是实现"内循环"的根本法门，而且在全球人类的技术大发展中具有全局性的战略引领意义。最后，文化的创新涉及"软实力"和精神价值方面，能够为参与创新的人类主体提供良好的发挥环境，是整个政治共同体大发展的"软"动力。②

三是必须以科技的创新为先导。习近平总书记指出："在新一轮科技革命和产业变革大势中，科技创新作为提高社会生产力、提升国际竞争力、增强综合国力、保障国家安全的战略支撑，必须摆在国家发展全局的核心位置。"③ 目前，我国科技水平仍有待提高——虽然我们的部分科技已经达到西方先进水平或超越西方先进水平，但某些关键技术仍然受到西方封锁，有待突破，这意味着我们必须从根本上提升科技的自主研发水平，全面激发科研人员的活力。

四是在体制机制方面也要保持"创新思维"。习近平总书记指出："最紧迫的是要破除体制机制障碍，最大限度解放和激发科技作为第一生产力所蕴藏的巨大潜能。"④ 为此，习近平总书记还提出了科技体制改革方面的"七个要着力"的指示，强调"要着力从科技体制改革和经济社会领域改革两个方面同步发力，改革国家科技创新战略规划和资源配置体制机制，完善政绩考核体系和激励政策，深化产学研合作，加快解决制约科技成果转移转化的关键问题"⑤。

总之，创新发展理念是我国推进各项具体创新的根本。我们在理论、制度、科技、文化等各方面都应具有勇猛奋进的"创新思维"，要力求将创新的理念和精神渗透到社会发展的方方面面。创新发展作为"五大发展理念"之

---

① 中共中央文献研究室. 习近平关于科技创新论述摘编[A]. 北京：中央文献出版社，2016：9.
② 唐国军. "创新是引领发展的第一动力"——习近平与创新发展理念的提出[J]. 党的文献，2017（2）：29—30.
③ 中共中央文献研究室. 习近平关于科技创新论述摘编[A]. 北京：中央文献出版社，2016：30.
④ 中共中央文献研究室. 习近平关于科技创新论述摘编[A]. 北京：中央文献出版社，2016：16.
⑤ 中共中央文献研究室. 习近平关于科技创新论述摘编[A]. 北京：中央文献出版社，2016：63.

首,注重的是解决发展动力问题,正如十九大报告所强调的"创新是引领发展的第一动力",所以创新发展在国家发展全局中处于核心位置。创新发展理念是中国共产党关于创新理论和实践的重大升华,也是传统文化中革故鼎新、生生不息智慧的时代彰显。

1.1.2 新时代文化建设中的创新观

习近平总书记指出:"文化是一个国家、一个民族的灵魂。"[①] 文化创新是文化的生命之源,是先进文化的特质,是增强综合国力的要求,也是提高人的素质、实现人的全面发展的决定性因素。我们应该在习近平总书记的指示下,深学细悟文化创新方面的知识和战略,融汇理论探索和实践,辩证地平衡和协调"着眼于世界文化发展的前沿"与"发扬民族文化的优秀传统"两方面的关系,将之作为一种文化发展和创新的长期战略。正如习近平总书记指出的,文化的创新促使经济活动、科技活动、社会活动的发展具备更高的组织效能,有利于推动经济主体、科技主体、社会主体之间的交流,促进社会创新能力的生成。这体现了习近平总书记高度重视文化建设和创造活动中的创新元素的功能和价值。同时,我们应看到,文化创新是全球不同国家和文明之间的软实力竞赛,必须站在全球战略的高度,把文化创新作为我国发展的一个长远目标。另外,文化创新又具有"硬实力"色彩,能够间接或直接地促进政治、经济、社会、生态的协调发展。在全球视域下保持文化创新,就有可能长期保持政治、经济、社会、生态方面的巨大优势,增进我国在构建人类命运共同体方面的影响力。

习近平总书记强调,全党全国要关注世界科技革命和产业革命的大趋势。文化创新精神以及工业化、产业化方面的文化创新,是国家战略的一个关键部分,文化创新是国家创新发展的软实力,文化创新、文化强国是国家经济、科技、社会创新发展的重大支撑性力量。相较以往,当今世界文化所依托的历史、政治、社会、生态、交互空间都逐渐具有了崭新形式,这既给文化的创新和发展带来严峻的挑战,也提供了崭新的机遇。要推进文化创新,必须在保障国家意识形态安全的前提下稳妥高效地积累文化厚度和优势,在全球文明竞争中建立文化强国的视域,只有如此,才能保障中国特色社会主义文化的充分发

---

① 习近平.在中国文联十大、中国作协九大开幕式上的讲话[M].北京:人民出版社,2016:6.

展。在全球各大文明的竞相发展中发扬中华文化，同时对其他文明进行去粗取精式的吸纳，这样才能展示中国特色社会主义文化的巨大优势。习近平总书记指出，"信息、生命、制造、能源、空间、海洋等的原创突破为前沿技术、颠覆性技术提供了更多创新源泉，学科之间、科学和技术之间、技术之间、自然科学和人文社会科学之间日益呈现交叉融合趋势"①。因此，我们必须注意，在文化科技创新过程中还需要形成更加协调的机制。文化科技的创新确实有一部分涉及高精尖技术，需要国家组织力量重点攻关，但是同样有许多文化科技创新诞生于基层。文化工作创新的希望在基层、在民间。还须注意的是，我们的文化创新在技术层面上存在大而不强的问题，缺少核心技术，缺少品牌，要通过创新来突破这些问题。新时代的文化建设要保有培养创新思维、培育创新能力这一层精义。"生活从不眷顾因循守旧、满足现状者，从不等待不思进取、坐享其成者，而是将更多机遇留给善于和勇于创新的人们。青年是社会上最富活力、最具创造性的群体，理应走在创新创造前列。"②

1.2 "十三五""十四五"时期国家关于创新的谋划

1.2.1 国家"十三五"规划中的创新观

《中华人民共和国国民经济和社会发展第十三个五年规划纲要》提出，把发展基点放在创新上，以科技创新为核心，以人才发展为支撑，推动科技创新与大众创业、万众创新有机结合，塑造更多依靠创新驱动、发挥先发优势的引领型发展；要发挥科技创新在全面创新中的引领作用，加强基础研究，强化原始创新、集成创新和引进消化吸收再创新，着力增强自主创新能力，为经济社会发展提供持久动力；要推动战略前沿领域创新突破，优化创新组织体系，提升创新基础能力，打造城市创新高地；要深入推进大众创业、万众创新，把大众创业、万众创新融入发展各领域各环节，鼓励各类主体开发新技术、新产品、新业态、新模式，打造发展新引擎，建设创业创新公共服务平台，全面推进众创、众包、众扶、众筹；要构建激励创新的体制机制，破除束缚创新和成

---

① 习近平. 在中国科学院第十九次院士大会、中国工程院第十四次院士大会上的讲话[N]. 人民日报，2018-5-29（2）.

② 习近平. 习近平谈治国理政（第一卷）[M]. 北京：外文出版社. 2018：51.

果转化的制度障碍，优化创新政策供给，形成创新活力竞相迸发、创新成果高效转化、创新价值充分体现的体制机制；要深化科技管理体制改革，完善科技成果转化和收益分配机制，构建普惠性创新支持政策体系；要实施人才优先发展战略，把人才作为支撑发展的第一资源，加快推进人才发展体制和政策创新，构建有国际竞争力的人才制度优势，提高人才质量，优化人才结构，加快建设人才强国，建设规模宏大的人才队伍，促进人才优化配置，营造良好的人才发展环境。①

我们认为，《中华人民共和国国民经济和社会发展第十三个五年规划纲要》提出的"创新驱动发展"理念中孕育着构建创新体系的真知灼见。创新驱动发展，就要提高自主创新能力。对此，一是要降低对国外技术的依存度，在技术环节上形成闭合的技术链。在国际形势日趋复杂、竞争日趋激烈的形势下，我国强化经济内循环的培元固本战略对本土技术的要求越来越高，要实现生产不求人、设备不落后、技术不掉队、成本不抬高。二是加大技术投资，积极发掘培养本土人才，既要优中选优，也要庸中培优。本土人才对地方有感情，对祖国有热情，愿意为同胞后辈传道授业解惑，愿意为地方企业长期服务，是地方可持续创新发展的关键。三是要有系统的产学研体系。构建产学研互融平台，加强企业、学校以及科研机构之间的联系与交流，发挥企业的资金优势、学校的人才储备优势、科研机构的专业优势，将各种优势熔于一炉，一个炉子做菜才能做出"佛跳墙"。四是要有完善的科技体制机制。要让人才、技术合理流通，肯做事、能做事的企业要创造与完善引进技术、人才的机制，为能做事、做成事的人才提供更多展现自己、提升自己以及自我选择的平台。企业要发展，要在竞争中取得优势，就要学习先进的工艺、管理和技术，在原有基础上进行创新，站在巨人的肩膀上才能看得更远。最后，非常重要的一点就是要完善科学的创新体系，重塑科学在社会发展中应有的地位，加强自然科学乃至人文社会科学与社会公众的交流与沟通，营造全社会崇尚科学的氛围，使社会的运行更加理性，更加符合自然科学与人文社会科学规律。

1.2.2 国家"十四五"及远景规划中的创新观

2021年3月13日公布的《中华人民共和国国民经济和社会发展第十四个

---

① 中华人民共和国国民经济和社会发展第十三个五年规划纲要[N]．人民日报，2016-03-18（1）．

五年规划和2035年远景目标纲要》把创新放在了具体任务的第一位，并明确指出坚持创新在我国现代化建设全局中的核心地位，把科技自立自强作为国家发展的战略支撑。具体而言，要强化国家战略科技力量，制定科技强国行动纲领，打好关键核心技术攻坚战，聚焦量子信息、光子与微纳电子、网络通信、人工智能、生物医药、现代能源系统等重大创新领域，组建一批国家实验室，从而达到"关键核心技术实现重大突破，进入创新型国家前列"①。总之，"十四五"期间，要加强创新在中华民族伟大复兴全局中的重要地位，把自主创新作为科技发展的战略支撑，强化国家战略科技力量，提升企业技术创新能力，激发人才创新活力，完善科技创新体制机制。

综合中央之前关于创新的政策措施和有关精神，"十四五"时期国家远景规划的创新观主要有以下特点。一是发挥高质量科技供给作用。把创新作为科技发展事业的重中之重，把科技的自主创新精神贯彻到全社会的方方面面。目前，在某些关键高技术领域，如人工智能和大数据领域，在党中央的带领下，我国已经取得了一定突破，某些方面已经超越西方同行。但是，在更多、更广泛的高技术领域，我们的科技还受制于人。从宏观角度看，还缺乏整体性的突破动能以及对西方的压倒性优势，这就需要我们继续在创新创造的征途上勇往前进。二是要鼓励民营企业，尤其是中小企业乃至小微企业进行技术创新。技术创新是各类民营企业真正能够实现长期经营并对国家整体科技进步作出贡献的重要途径。在目前国内"大循环"背景下，创新有利于民营企业真正突破西方产业技术限制，在对内对外贸易过程中占据市场优势，实现民营企业真正的长足发展。更进一步讲，我国民营企业未来面临的竞争就是与西方先进国家同行的竞争，这就要求我国民营企业拿出创新创造的真本领和硬功夫，真抓实干，与西方先进同行进行真正的竞争并取得引领性优势。三是从经济学意义讲，创新本身就是维护企业高质量发展的关节点。在目前产业链背景下，创新有助于企业实现产业链各个环节的真正有效衔接，完成自身全产业链和所处产业生态圈的全产业链的构建，从而带动区域经济发展，助力全国经济，实现技术与经济互相支撑、相辅相成的良性循环局面。

---

① 中华人民共和国国民经济和社会发展第十四个五年规划和2035年远景目标纲要［A/OL］.（2021-03-13）［2021-7-13］. http：//www.gov.cn/xinwen/2021－03/13/content_5592681.htm.

1.3 创新对于成都建设世界文化名城的意义

1.3.1 创新是"新发展理念"的首要理念

早在 2017 年,成都第十三次党代会确立成都城市建设的总体目标是建设全面体现"新发展理念"的国家中心城市。2018 年春节前夕,习近平总书记来川视察,明确提出支持成都加快建设全面体现新发展理念的城市。此后,成都提出了"努力建设世界文化名城"的目标要求,明确了落实新发展理念与建设世界文化名城之间的关系。

为贯彻落实习近平总书记关于新发展理念与创新的重要指示精神,市委市政府专门强调,要朝着习近平总书记指引的新发展理念方向砥砺奋进、坚定前行,成都要成为全面体现新发展理念的城市先行者,"在创新中抓落实",走出一条中国特色城市发展道路;同时强调,建设世界文化名城事关成都长远发展,要聚力开放创新,营造"创新文化"蓬勃发展的良好社会氛围和优越生态环境,即明确了新发展理念、创新、建设世界文化名城、"创新文化"之间的深刻关联。从宏观上看,建设创新驱动先导的世界文化名城是成都市贯彻创新发展理念的生动实践。自 2015 年习近平总书记提出"新发展理念"以来,成都发布了如《成都"创业天府"行动计划(2015—2025 年)》《关于进一步支持中小微企业发展的实施意见》《促进国内外高校院所科技成果在蓉转移转化若干政策措施》《成都市创新型城市建设 2025 规划》等规划和政策,着力创建"创业之城、圆梦之都""创新创业、成都都成"城市名片,提升城市创新力、创业力、创造力,加快建设国家创新型城市,打造西部科技中心和具有国际影响力的区域创新创业中心。2019 年,成都首次开展"建设全面体现新发展理念的城市改革创新奖"评选表彰活动,表彰了相关集体和个人。2020 年,成都围绕"创新提能年"主题,从继续大抓项目抓好项目、推动制造业高质量发展、提速建设西部金融中心、聚力打造国际消费中心城市、推进科技创新攻坚、加力构建开放型经济体系、持续深化营商环境综合改革、加快创建国家生态文明建设示范市、持续保障和改善民生等 9 个方面,放出经济高质量发展组合"大招",通过举办"2020 成都全球创新创业交易会——首届国际区块链产业博览会",举行了新经济应用场景供需对接活动,为全球创新创业资源搭建汇聚、融合和交流平台,推动更多新技术、新产品、新服务发挥应有作用。总之，成都把创新作为面向未来的核心战略和推动城市转型的第一动力，以敢为人先的精神和一系列生动实践大力营造"破陈规、求突破、增活力"的创新文化。

1.3.2　创新是成都城市文化的组成部分

党的十八大以来，成都市在落实建设文化强国的战略部署中，提出"创新创造"这一理念，对成都城市文化的实质内涵进行了高度概括与鲜明呈现。创新创造深植于成都文化中，据统计，成都创新创造的"世界之最"和"中国之最"达到三十项以上，对中国乃至全世界作出了巨大贡献。古老的宝墩文化的突出特点是陶器制作工艺的创新；金沙文化中古蜀先民创造的太阳神鸟被文化部确定为"中国文化遗产标志"；都江堰无坝引水自流灌溉系统工程被誉为"世界水利文化的鼻祖"；战国时期，成都的漆器生产就已闻名中外，出现了"金错蜀杯"等著名物品，还有与苏绣媲美的蜀锦。汉代景帝时，中国最早的地方官学——文翁石室在成都创立，使蜀地学风大兴，蜀学与齐鲁学比肩。东晋时的《华阳国志》是我国现存最早的一部地方志。张骞出使西域时曾在大夏（今阿富汗）见到"蜀布、邛竹杖"，即早在张骞打通"丝绸之路"之前，"成都制造"已经先期抵达中亚。汉代临邛（今成都邛崃市）是全国冶铁工业重要基地、西南冶铁之都。临邛火井是世界上最早的天然气井，比西方最早开采天然气的英国早了十多个世纪。宋代，世界上最早的纸币"交子"诞生于成都，比西方国家早了六百多年。新中国成立后第一支股票、第一个股票场外交易市场、第一个金融众创空间都诞生在成都……

在中共成都市第十四次代表大会上，施小琳书记指出：今后五年成都不仅要"创新驱动取得新突破"，而且要以"世界文化名城彰显新魅力"。具体而言就是"文化创造力持续增强"；中心城区要推动"文化传承创新"；"城市新区要坚持创新驱动"。要着力发展高附加值的知识经济、创意产业，重视创意产业的高增值性，赋予创意商品观念价值，使得其拥有了超越使用价值的更高市场价值。加快形成发达的城市创意经济，加快发展艺术设计、视觉设计、软件设计、工业设计、建筑设计、生活设计、动漫游戏设计等设计集群。新建和增加更具休闲自在气质的产业承载空间，搭建创意生态体系，汇聚全球创意资本和人才，打造具有全球影响的创意设计中心。同时强化文化创新领域的极核带动作用，做强成都"文化交流互鉴高地、文旅产业协作引领地、要素资源集聚转化地、创新创意策源地"极核功能，推动科技、资本、人才、活动、品牌等全球优质创新要素加速聚集。完善协同机制,架构沟通协调机制,共同争取文化创新和改革一揽子支持政策,调动协会商会、园区企业、智库媒体等主体的创新主动性,鼓励设立文化产业联盟。

1.3.3　创新是成都"十四五"规划的重要谋划

近年来,成都按照中央和国家部署,持续有序推进城市创新体系建设。2014年,作为国务院确定的西南地区科技中心,成都根据国务院发布的《关于深化科技体制改革　加快国家创新体系建设的意见》,从多方面出发促进高校科技成果在蓉的转化运用,如成立成都技术转移集团以及出台《成都市促进国内外高校院所在蓉协同创新的若干政策措施》。当时,成都技术转移集团旨在融入全市科技创新服务体系,积极参与"成都校院地协同创新工程",深入推动集团三大业务,构建"公共技术平台+投融资服务+综合服务"的服务模式,满足政、产、学、研各个领域在构建全产业链方面的真正诉求。2015年,为深入实施创新驱动发展战略,党中央、国务院确定在京津冀、上海、广东(珠三角)、安徽(合芜蚌)、四川(成德绵)、湖北武汉、陕西西安、辽宁沈阳等八个地区或城市开展全面创新改革试验,成都作为四川建设国家全面创新改革试验区的核心城市,根据国务院办公厅印发的《关于推广支持创新相关改革举措的通知》明确复制推广的13项改革举措,贡献了包括"面向中小企业的一站式投融资信息服务""贷款、保险、财政风险补偿捆绑的专利权质押融资服务""国税地税联合办税""以股权为纽带的军民两用技术联盟创新合作""民营企业配套核心军品的认定和准入标准"在内的5项全创经验。在推进创新平台体系建设方面,成都市聚焦提升城市基础研究和原始创新能力,积极争取重大基础创新平台在蓉部署,着力搭建重大产业技术创新平台,聚焦产业关键共性技术研究,推进国家工程实验室(工程研究中心)建设。在成都市的努力下,先进微处理器芯片技术、综合交通大数据应用技术、工业大数据应用技术等国家工程实验室相继在蓉落地。2017年,成都以"新经济"范式推进创新体系构建,召开成都市新经济发展大会,强调新经济不仅仅是一种经济现象,也不完全是一种技术现象,而是一种由技术到经济的演进范式,是一种资本与技术深度黏合、科技创新与制度创新相互作用的经济形态,强调聚合共享、跨界融合、快速迭代、高速增长四个主要创新目标。2020年,成都市政府与中国科协签署合作协议,抢抓成渝地区双城经济圈建设战略机遇,深入实施"科创中国"行动,构建符合成都实际的创新载体和创新生态,形成具有成都特色的科协推进经济社会高质量发展的有效模式，构建会地联合创新体系，推动科创要素在产业生态圈集聚，支持"科创中国"平台落地中国西部（成都）科学城、成都东部新区等地，培育多维科创中心，构建科创体系。

按照《中华人民共和国国民经济和社会发展第十四个五年规划和2035年远景目标纲要》要求，成都在"十四五"期间乃至远期构建创新体系的思维与范式已经形成。一是基于成都市城市高质量发展的要求，打造国家自主创新示范区，引领成都市全域创新发展。全方位引进创新团队和尖端前沿技术，大力支持高校构建基于学科和研发优势的创新平台、技术研发中心、研究院和技术创造中心，建设世界级科研机构，全力提升成都城市创新能力。二是贯彻落实习近平总书记提出的文化与科技、经济、社会融合的文化建设创新思维。坚持全球视野、创新思维，增强全国重要的文创中心功能；对标国际一流、聚焦世界品质，努力把成都建成具有国际影响力的旅游目的地城市；培育城市体育文化，将成都打造成具有承办亚运会、奥运会能力的赛事名城；打造国际美食产业高地和美食城市品牌，凸显以川菜文化为代表、中外美食荟萃的国际美食之都魅力；传承音乐历史文化，建成具有世界影响力的现代音乐领军城市；以市场化、国际化为导向，努力建成"一带一路"会展门户城市和具有全球影响力的国际会展之都。三是创新资本要素供给体系，加大财政支持创新发展力度，搭建财政资金引导社会资本的联动创新机制。鼓励社会资本参与创新发展建设，运用产业引导基金，促进各类基金支持创新投资与新经济业态发展，构建特色创业投资生态圈。四是加强体制机制创新。支持高校开展职务成果混合所有制改革试点，推动科技成果使用和收益权改革，运用多种方式释放科研人员创新动能，激励科研人员转化创新成果；通过创新网络，积极引进文化和科技等重点领域的重大技术，加强成都市与国际创新网络联系，引导本土企业通过国际创新网络向海外推广技术、产品，在发展海外市场的基础上不断促进创新资源流动。

第 2 章

创新文化基本理论

2.1 创新文化基本内涵

党的十九大报告着重指出的"加快建设创新型国家"以及"创新是引领发展的第一动力"这两大要点,是我们思考、研究、贯彻实践创新文化的基础。创新文化是一种涉及创新的基础性"习惯"和"习俗"("文化"的来源)。作为一种习惯、环境或氛围,创新文化对创新主体和创新行为具有深远的促进力量。更为具体地讲,我们认为,创新文化包含以下主要维度。

一是创新文化具有技术维度。从历史长河着眼,技术实质上是文明长久维系的一大关键,同时又是对文明其他方面,如经济、社会、文化、生态,形成直接或间接影响的"隐形抓手"。一方面,现代技术无可比拟地创造人类的经济、存在方式、经济结构,同时经济调节着新技术的创造。另一方面,由于技术内嵌于生产方式和生活方式中,所以文化的发展绝非由技术本身单向度决定。建设创新文化,与信息化乃至"元宇宙"等新技术概念盛行背景下的知识迭代和自我更新有密切关联,是一种根本上面向未来并有利于把控未来的手段。创新一方面来自高端科研院校的科学研究,另一方面来自非学术化或泛学术化的政府、社会、企业、社区的共同助力。因此,让创新深入整个文明共同体的毛细血管,有利于整个文明共同体合力完成包括技术创新在内的全面创新创造。

二是创新文化具有精神、观念维度。作为观念文化的创新文化,既涉及以个人为单位的创新主体,也涉及非个人化的政府机构、社会团体、企业机构等创新"群体",又包含创新理念、创新理论、创新方法、创新价值体系、价值取向、创新精神等众多元素。① 更为具体地讲：创新文化中的精神、观念维度可以被概括为一个共同体产生创新行动的"指针"，久而久之，就会逐渐形成一种有利于共同开展创新活动的价值观乃至行为规范。这类价值观乃至行为规范无时无刻不在创新活动中发挥着其在整合、导向和传续等方面的功能，影响创新主体的思维和行为，最终影响创新的实际成效。

三是创新文化具有制度维度。虽然"创新"一词有突破制度的意味，但是在实存的文明共同体的现实运行状态中，其实际上受制于习俗、制度、文化、法制、社会心理规则等诸多因素，若"创新"与这些因素的关系处理得妥当，就能协调共同发展，形成一个创新理念引领下的新的体系性的"生态系统"。概而言之，制度维度的创新，落到实处便包括政府运作机制创新、涉及创新活动的管理体制创新、产学研合作制度创新、包括科研成果在内的创新成果的评价与转化机制创新、风险管理制度创新、知识产权制度创新、教育制度与体制创新、技术市场体制创新、企业制度创新、投融资体制创新、人才评价与激励机制创新等。②

四是创新文化具有环境维度。创新文化的环境维度，包括社会大众对创新的基本态度与评价、人们对风险的普遍理解、成为生产者的创新主体与消费者之间所建立起来的新型（市场）关系，以及社会对创新主体所能提供的各项服务与支持等。③ 在社会学与传播学意义上，任何体系或文化必须不断与周遭环境进行某种类似"能量交换"的互动才能持续存在，但社会性的体系或文化与大自然体系不同，其与环境进行交换的不是大自然中的物理能量，而是信息。信息进入任何社会性体系或文化，必然经由作为创新主体的人或组织而发挥效应。因此，与创新文化有关的习俗、氛围、人类学意义上的关系，能够对创新文化产生正反两方面影响，民众和政府乃至企业身处其境，当然也能产生正反两方面的作用。精神、价值观、理想、信念、常识、习惯、习俗等潜移默化地对创新主体如民众、政府、企业产生微妙的效果，并最终通过蝴蝶效应施加某

---

① 李思屈，鲁知先. 中国创新危机的破解与创新文化培育［J］. 西南民族大学学报（人文社科版），2020，41（9）：31.

② 黄宁燕，王培德. 实施创新驱动发展战略的制度设计思考［J］. 中国软科学，2013（4）：60—64. 陈依元. 创新文化：自主创新的文化驱动力［J］. 福建论坛（人文社会科学版），2007（3）：131—134.

③ 叶育登，方立明，奚从清. 试论创新文化及其主导范式［J］. 浙江大学学报（人文社会科学版），2009，39（3）：87—93.

些决定性的影响。无论怎样去理解，创新文化都是创新主体与环境相互作用的产物——或者说，上述产生蝴蝶效应的发生者与"受众"都是创新文化能够生成的关键元素。由于创新主体的需要和其所处环境都在不断变化，从而创新文化也在不断地演化、变迁。据此可以认为，创新主体的需要和环境是创新文化本身的"塑形"过程中的一种灵活变量。

2.2 创新文化属性：精神性、物质性、批判性、包容性

在狭义维度上，创新文化应该仅指精神性、理念性的创新文化，而在广义维度上，精神性、理念性的创新文化只可视为创新文化的内核。抽象的东西有赖于具体的东西来表现，文化作为精神层面上的抽象物必须借助某些具体的、具有外形的事物而得以表达。也就是说，创新文化包含"非精神性"的一面。同时，创新文化的"物质性"受"精神性"的影响和制约。更为具体地说，创新文化的"精神性"统摄了精神、理念、知识、经验、价值观、常识、习惯、思维方式等，甚至可外延为目前大学科研领域方面的技术知识。而创新文化的"物质性"统摄了各类实存的规则乃至隐性规则。创新文化的"精神性"对创新主体的自主创新活动起的作用，更多是所谓内驱力的作用，从古希腊哲学意义上讲，它是创新的"努斯（nus）"。而"物化"的创新文化，如体制、制度、环境、活动规则等，在一定程度上取决于创新文化的"精神性"所统摄的内容的创新，并贯穿、影响创新主体活动的全过程。自主创新与实存规则有着千丝万缕的关系，后者对前者有限制作用，也有促进作用；前者是对后者的适当突破，也是一种面向未来意义上的修补。实存规则的创新在有时候和有些层面比单纯的技术突破来得更具有基础意义，简言之，在文明共同体内部，必须通过各种手段培育一个培养皿，让创新的因子尽情在有利的政策环境中生发。同时，"精神性"创新文化应具有面向实践、面向现实、面向未来的文化视野，即面向"物质性"。

同时，创新文化与批判性思维有着千丝万缕的联系。首先，批判性思维的真正哲学原意就是"超越"，即超越到一个新的境界和目标，对一切实证主义意义上的研究材料、对象、文本、人类学话语环境、哲学方法论逻辑、技术专利进行超越性的考察和反思，其目的在于合理地决定我们的信念和行动。人类在创新过程中，其思维常常充斥着谬误、陷阱、悖论和待解的谜团，需要去辨析和思考。进而言之，理性思考与创新文化关系的重要性也必须被重视，即人

是思考的动物，应该拥有批判性思维和创造性思维，并被赋予人之为人的尊严。"未经反省的人生是没有价值的""吾爱吾师，吾更爱真理"等古希腊哲人的名言也体现了哲学先贤对理性思考和创新文化的重视。

值得补充的是，创新文化应具有包容性。在新时代，创新文化的包容性是发展的动能。文化如果缺少创新，就会变成"僵硬的化石"；创新文化如果缺少包容，就会"水至清则无鱼"。要不断发展壮大创新性文化产业，下大力气，保持大耐心，久久为功。要重视软实力和文化人才的培养，尤其应为年轻人的多元文化留出生存和发展的空间，包容他们，让他们自由驰骋。在主流创新文化培育方面，即在专业化的创新文化的培育和发展上，既要有大专院校和科研机构这样的"大江大河"，也要有民间智库和咨询公司这样的"江湖"和"水塘"，这都是创新文化孵化必不可少的社会场景。总之，创新文化是一个活的有机体：既有厚积，又有薄发；既有牡丹，又有野草——这就是创新文化应具有的包容性的基本框架。

2.3 城市创新文化评价要素

评价城市创新文化，应考虑到其驱动城市创新的思维图景。思维图景本身是立体的、多层次的，同时既具有微观因素，又具有宏观因素。以下分几个方面来讲。

一是宏观的文化发展阶段和水平。创新文化涵盖了城市公共文化及群众文化的各个方面。目前，全世界城市文化的创新创造存在同质化、复制化的趋势，单调、低水平的城市文化景观和氛围屡见不鲜，城市文化的"厚度""底蕴"和"丰润度"都难以有效体现。为了解决这一难题，在欧洲"文化之都"建设背景和我国"历史文化名城"的建设背景下，许多重要城市都形成了专业专门的文化创新建设机构和单位，将文化建设纳入城市综合改造的规划中。其中，城市文化的基调与格局、文化本身的创新与相关文创事业的发展、本土性文化的创新创造与转化，都是关键指标。另外，在城市文化建设中，创新资源的整合力度、创新资源共享、创新所需资源利用率、创新合作平台和内容配送平台、创新企业所能享受到的便捷的公共服务[1]，也是重要的评价要素。更为

---

[1] 李靖华，Md. Khaled Amin，朱岩梅，等. 城市创新文化建设的国际比较分析[J]. 技术经济，2013，32（9）：34—38.

宽泛地讲，其还涉及城市政府引进创新人才的力度大小和培养步伐、优秀创新人才发展环境、奖惩氛围机制、高等院校文化、科研文化和氛围等细节层面。① 最后，在建设世界文化名城导向下，建设有利于创新文化生成的城市文化——例如成都的城市文化，必须从传统文化中汲取养分，倡导创新观念，营造创新氛围，在"人文城市""以文化人"的氛围中形成针对创新的专门性和普遍性的包容氛围。近几十年来，世界各大名城都在着力思考、探究、实践性地应用自身文化特色，从原生性和本土化文化吸取精华，辩证地让传统文化和现代文化相得益彰，培育全球化时代的创新主体与"新人"，尤其是在纯文化领域加强文化的创新创造转化。在社科普及领域强化公众对传统文化中创新元素的全面认知，让公众既对传统文化产生敬畏，又能发现传统文化中实际孕育着的创新元素，如此体系化地、细微地葆育一般社会心理学意义上的创新创造潜意识，让此潜意识潜移默化地深入到公众日常行为和科学探究的方方面面，才是打造创新文化的应有之义。

二是"城市人"的行为思维范式。"城市人"的基本行为思维范式是创新精神和效用的基本因素，其决定了整个城市在创新方面能够走到哪一深层次阶段。② 如大胆的突破精神、精细化的认知精神等，具体体现在人类的内部互动模式方面，包括本土方言对外来创新人群的吸纳和包容、新老几代人群之间的包容和信任；同时还包括创新技术和产品的受众是否在城市的群体受众中具有广泛性和普及性，技术和产品能否真正深入人心等。任何一种范式的城市文化都会像母体培育下一代一样，培育出同时具有本土意识和超本土意识的伟大企业家。这些企业家身上的产业创新意识自不必说，其所引领的企业能够在全球化背景下进入何种创新领域，更多地取决于其创造的企业制度文化和其身上的"克里斯马"的魅力，并可能影响到企业的基础性治理和管理架构及其运行，甚至影响到一个城市人才政策的灵活度和吸引力。简言之，企业家和企业内部的创新因子，不仅可能影响企业自身的未来创新，而且还能辐射到城市的创新姿态，让人对一个城市是否真的具有创新文化产生最直接的观感。

三是政府要摆正管理者角色的位置。政府尤其要思索的是：自己到底要在创新文化所需的经济化和产业化体系中扮演哪种角色，这种角色最终到底是束

---

① 刘山山. 城市文化构建及其创新发展研究［J］. 新闻传播，2018（9）：10—12.

② 庞玉萍，刘叶青. 城市文化开放性对城市创新能力的影响［J］. 城市发展研究，2020，27（3）：124.

缚了还是促进了创新，以及在前述实存规则的意义上，是否能够营造出真正有利于创新的规则化环境。毫无疑问，原生城市文化、道德习俗、社会心理等，可能与作为管理者的政府形成微妙的互动关系，并决定了政府在支持创新方面的灵活度。实存规则创新即制度和习俗方面的创新，具体涉及：政策的持续度和灵活度，以及政策对外来创新主体的吸引力；社会意义上的组织化创新程度，包括官方与非官方科研机构和企业的创新程度，尤其涉及创新因子和链条在它们之间的流动和嫁接；制度与时俱进，自我创新，与城市社会的基本创新趋势相协调；政府在最终顶层设计中，协调聚合全社会创新主体和群体的能力与天赋等。①

---

① 徐翔. 上海推进文化创新研究［J］. 科学发展，2019（1）：77.

第 3 章

国内外其他城市创新文化概况

3.1 国内部分城市创新文化模式

3.1.1 北京：国际创新型首都建设

我国首都北京聚集着极其丰富的创新资源，其中不乏潜力巨大的"国家资源"。北京的普通高等学校、研究与试验发展经费内部支出及研究与试验发展经费内部支出占地区生产总值比重在笔者统计的 6 座城市中位居第 1（见表3-1）。激发创新活力是北京的使命所在，更是优势所依。自改革开放以来，北京一直把创新摆在发展全局的核心位置，在创新投入、创新成果等方面表现突出，学术思想产出、独角兽企业数和国内发明专利申请量排名全球前列。在国际知名跨国企业和国际智库机构发布的全球城市创新能力和竞争力榜单中，北京一直是中国创新能力和竞争力最优的城市之一，是引领全国创新发展的首善之区，在全球城市创新网络中发挥着重要作用。

表 3-1 北京创新文化模式构成要素（2020 年）

一级指标	二级指标	数值	全国 6 城市排名[①]
创新投入	普通高等学校	92 所	1
	研究与试验发展人员占常住人口比重	2.16%	—
	研究与试验发展经费内部支出	2 326.58 亿元	1
	研究与试验发展经费内部支出占地区生产总值比重	6.44%	1

续表

一级指标	二级指标	数值	全国6城市排名①
创新成果	专利申请总量	257 009 件	—
	专利授权总量	162 824 件	2
	发明专利授权量	63 266 件	1
	技术合同成交总额	6 316.2 亿元	—
创新动力	社会消费品零售总额	13 716.4 亿元	2
	固定资产投资增长速度	2.2%	5
	城乡居民生活用电量	279.79 亿千瓦时	1
	工业用电量	269.64 亿千瓦时	5

注："全国6城市排名"一项中的"6城市"为本章中列举的6个国内城市，即北京、深圳、上海、广州、南京、武汉。以下同。

数据来源：根据《北京统计年鉴2021》① 整理。

北京在如何更好营造创新生态、培育创新氛围、做好创新转化方面，呈现如下特点。

一是深耕厚植创新环境。北京聚集了全国50%以上的"两院院士"、近30%的"千人计划"人员，国家级高新技术企业占全国的20%，② 世界一流大学建设高校占全国近20%，世界一流学科建设高校占全国23%，③ 拥有得天独厚的人才环境。人均科研经费投入（R&D 经费支出）远高于全国平均水平，区域经济实力强劲，人才产出稳步提高。从"京校十条"到"科创30条"，从赋权激励、人才至上，到松绑减负、优化服务，北京不断先行先试，政策环境持续向好。针对创新成果转化落地难的问题，科研院所、高校和科技型企业增强在市场转型中的适应能力，创新服务机构，提供融资对接服务，完善创新生态与创新链条，创新创业环境不断优化。

---

① 北京市统计局，国家统计局北京调查总队. 北京统计年鉴2021 [M]. 北京：中国统计出版社，2021.

② 范荣. 种好科技创新"试验田"是北京的使命 [N]. 北京日报，2019-10-23 (3).

③ 据《教育部、财政部、国家发展改革委关于公布世界一流大学和一流学科建设高校及建设学科名单的通知》推算。

> **专栏1　北京市科技创新政策一览**
>
> ◆ 京校十条：2014年1月，《加快推进高等学校科技成果转化和科技协同创新若干意见（试行）》（简称"京校十条"）正式对外发布。内容包括：(1) 开展高等学校科技成果处置权管理改革；(2) 开展高等学校科技成果收益分配方式改革；(3) 建立高等学校科技创新和成果转化项目储备制度；(4) 加大对高等学校产学研用合作的经费支持力度；(5) 支持高等学校开放实验室资源；(6) 支持高等学校建设协同创新中心；(7) 支持高等学校搭建国际化科技成果转化合作平台；(8) 鼓励高等学校科技人员参与科技创业和成果转化；(9) 鼓励在高等学校设立科技成果转化岗位；(10) 制定高等学校在校学生创业支持办法。
>
> ◆ 科创30条：2019年10月，《关于新时代深化科技体制改革　加快推进全国科技创新中心建设的若干政策措施》（简称"科创30条"）正式对外公布。内容涵盖加强科技创新统筹、深化人才体制机制改革、构建高精尖经济结构、深化科研管理改革、优化创新创业生态等五大领域的30条改革措施。依据新政，将在"三城一区"依法推进审批权限赋权和下放，并把北京经济技术开发区试点的企业投资项目承诺制推广至"三城一区"；将创新职称评价方式，推行代表作评价制度，将项目成果、研究报告、专著译著、工程方案、技术标准规范等纳入代表作范围；将优化科研人员因公出国审查、审批、备案等工作流程，压缩审批时间；并加强京津冀科技计划合作，支持京港澳创新主体联合开展研发和成果转化。

二是提高创新产出力。通过打造清华大学、北京大学等一批世界一流大学，提升高水平科研成果的国际影响力，提高科学发现产出。通过合理布局，重点支持科学、工程和制造业发展，持续催生具有国际影响力的创新突破，推动全社会创新进程。通过构建高价值专利培育体系，保护知识产权，驱动创新生产。通过增加产业研发投入，提升创新产业比例，推动产业新方向的涌现，提高创新产业比例。通过发展高技术产业，打造高端技术企业，帮助北京独角兽企业孵化成长。增加前端高新技术产业的布局份额，扩大高新技术产业比例，改善产业结构，提高北京创新产出力。

三是重构创新空间结构。北京市创新空间结构在2014年之前一直是市中心单核主导型，在创新资源不断向中心集聚的趋势下，其创新产出空间关联效应呈现出"农村包围城市"的演化特征。[①] 京津冀协同发展上升为国家战略后，北京作为京津冀区域创新体系的极核，逐渐弱化虹吸效应和空间极化趋势，增强输血功能和辐射带动作用，改变都市圈内部创新要素长期单核集聚、创新能力严重失衡、创新转化腹地不足、创新空间不成系统的局面。《京津冀

---

① 段德忠，杜德斌，刘承良. 上海和北京城市创新空间结构的时空演化模式[J]. 地理学报，2015，70（12）：1911—1925.

协同创新指数（2020）》①显示，2013—2018年，京津冀协同创新指数上涨4倍多，三地合作专利数量增长近50%。京津冀城市群城市创新协同发展，三地功能互补、错位发展、相辅相成的新格局正在形成。

四是文化为核，创新为用。文化作为生产要素，可以与产业赋能连接，增添城市创新动能。北京大力发展新型文化业态，制定促进文化科技融合发展的若干措施，加快发展数字出版、动漫游戏等新兴文化业态，数字文化消费向深度沉浸式体验演进，平台内容趋向工业化生产；研究制定促进文化与旅游、文化与时尚等融合发展的政策，拓展文化创意产业发展空间；加快文化产业创新实验区、对外文化贸易基地、环球主题公园、台湖演艺小镇等项目建设，举办北京文博会、北京国际设计周、北京国际电影节、惠民文化消费季、北京文化创意大赛等系列品牌文化活动，以文化创新引领带动城市创新。

3.1.2　深圳：从南海边陲小镇到国际化创新型城市

从边陲小镇起步的深圳是一个年轻的移民城市，现被誉为"中国硅谷"，创新能力全国领先——专利申请量、授权量等核心指标超越北京、上海（见表3-2）。改革开放40多年，市场、政府和社会三大引擎推动了深圳创新模式的形成与完善，为中国城市总结出道路创新、科技创新、体制机制创新和文化创新的成功样本。深圳的城市形象从20世纪70年代末、80年代初起步的"经济特区"跃升为中国特色社会主义先行示范区和全新的国际创新城市。根据城市发展规划，到2030年，深圳将成为可持续发展的全球创新城市。

深圳在培植创新文化的过程中，主要有以下几个特点。

---

① 李如意.《京津冀协同创新指数（2020）》发布　协同创新指数5年增长4倍多[EB/OL].（2021-01-15）[2021-06-24]. http://www.beijing.gov.cn/ywdt/zwzt/jjyth/zxxxi/202101/t20210115_2220317.html.

表 3-2　深圳创新文化模式构成要素（2020 年）

一级指标	二级指标	数值	全国 6 城市排名
创新投入	普通高等学校	14 所	6
	研究与试验发展人员占常住人口比重	2.43%	—
	研究与试验发展经费支出	1 510.81 亿元	3
	研究与试验发展经费支出占地区生产总值比重	5.46%	2
创新成果	专利申请总量	310 206 件	—
	专利授权总量	222 412 件	1
	发明专利授权量	31 138 件	2
	技术合同交易总额	705.02 亿元	—
创新动力	社会消费品零售总额	8 664.83 亿元	4
	固定资产投资增长速度	8.2%	3
	城乡居民生活用电量	154.53 亿千瓦时	4
	工业用电量	491.60 亿千瓦时	2

注：《深圳统计年鉴 2021》在统计研究与试验发展经费支出情况时，以"研究与试验发展经费支出"为统计口径，方便起见，笔者将其与其他城市"研究与试验发展经费内部支出"放在一起比较。

一是首创社会价值观创新。深圳的奇迹发端于社会价值观创新，在一块改革"试验田"里进行社会转型实验，为中国改革开放和发展探索成功经验。深圳把社会观念和行为惯例作为改革突破口，率先提出"时间就是金钱，效率就是生命"的口号，创新社会价值观，开创性地打破平均主义"大锅饭"制度，实施了工程承包、干部公开竞聘、民主选举等举措。建立经济特区以来，由上至下推动改革实践，不断突破旧的经济体制，开辟市场经济体系，市场观念得以树立，社会网络交融重塑。以自主、自强、竞争、冒险、平等、效率、法治意识等为内容，深圳率先建成国内最成熟的市场经济价值观体系。深圳突破各种旧的思想观念和体制机制障碍，先是在经济领域先行示范，随后通过综合改革，在政治、文化、生态、社会等多个维度上先行改革，创造了1000多项全国"第一"和"率先"，在诸多领域形成改革开放的先行示范效应，成为以创新思维为城市基因的现代化创新型城市。

二是坚持科技创新，形成了以企业为主体，以科研院所、高校为重要支撑的创新体系。截至 2019 年，深圳拥有国家高新技术企业累计超 1.7 万家，仅次于北京,民营科技高新技术企业占全市高新技术企业总数的70%以上。[①] 以华为、腾讯、比亚迪等为代表,深圳培养出一大批具有自主知识产权、能参与国际市场竞争的本土科技企业,又招引阿里巴巴、小米、字节跳动等企业把国际总部或大湾区总部落户深圳。以企业为主体[②],以高新技术产业为城市产业支柱,构筑"基础研究—技术攻关—成果产业化—科技金融—人才支撑"全过程创新生态链,再以全过程创新生态链引导城市创新,开展创新活动。2021年2月,《深圳市关于进一步促进科技成果产业化的若干措施》出台,全过程创新生态链更加完善。此外,深圳引进中国科学院等国家战略科技力量,以光明科学城等为核心承载区,集结重大科技基础设施、高水平大学和科研机构等顶尖创新资源,创设最有利于科技创新的政策环境,促成科学研究"硬件"与制度创新"软件"协同共进。截至2020年底,深圳已创立1家基础研究机构、4家省实验室和11家诺贝尔奖科学家实验室,国家、省、市级重点实验室和企业技术中心等创新载体达2693家。[③] 2020年,深圳普通高等学校有14所,在全国城市中排名第23,但在全国一线城市中排名靠后。为招引高端资源要素,搭建在更大范围内配置资源的创新网络体系,深圳通过"引进来"和"走出去",先后在旧金山、波士顿等地创建10家海外创新中心,高通、苹果等一批全球高科技企业在深圳设立研发中心,清华、北大、哈工大、中大等国内外名校近年迅速集结深圳。深圳还持续深化港深合作,为深圳的城市创新水平发展助力。2021年开始,深圳与香港推出"联合政策包",吸纳海外学者回流,推动深港合作和创新创业。

---

① 数据参见徐雅乔、林冬雯《1.7万家国家级高新技术企业数据带你读懂科创深圳的"高新密码"》(《深圳晚报》2020年11月11日A5版)。

② 90%的研发人员在企业,90%的科研投入来源于企业,90%的专利产生于企业,90%的研发机构建在企业,90%的创新型企业是本地企业,90%以上的重大发明专利来源于龙头企业。参见于珺. 深圳的经济转型和产业升级[J]. 开放导报,2013(2):24—27.

③ 王际娣. 深圳:建设国际化创新型城市[J],小康. 2021(8):30—33.

> **专栏 2** 《深圳市关于进一步促进科技成果产业化若干措施》（要点）
>
> 　　为深化科技供给侧结构性改革，建立高效的科技成果产业化体系，完善"基础研究－技术攻关－成果产业化－科技金融－人才支撑"全过程创新生态链，夯实科技创新对高质量发展的支撑作用，制定本措施。
> 　　一、实施高质量成果"创新工程"
> 　　（一）基础研究固本强基计划；（二）技术攻坚行动计划；（三）联合科研攻关计划。
> 　　二、实施成果产业化"畅通工程"
> 　　（四）概念验证中心支持计划；（五）中小试基地支持计划；（六）应用示范推广计划；（七）加速转化激励计划。
>
> 　　三、实施成果产业化"支撑工程"
> 　　（八）技术转移促进计划；（九）知识产权融通计划；（十）成果融资支持计划；（十一）全链条服务计划。
> 　　四、实施成果产业化机制"保障工程"
> 　　（十二）成果权属改革计划；（十三）成果评价激励计划；（十四）沿途转化计划；（十五）宽容免责计划。

　　三是注重促进政府与市场良性互动，推进体制机制和服务管理创新。早在1987年，深圳就曾出台全国首个《鼓励科技人员兴办民间科技企业的暂行规定》，推动深圳成长为"中国民营企业之都"。从20世纪90年代开始，深圳出台一系列促进城市创新发展的政策，建立了以高交会（高新技术成果交易会）为平台的交易市场体系和以高新园区为平台的区域服务体系，从体制机制创新的层面为各领域创新提供高质量的金融服务和人才服务。近年来，深圳政府通过打造创新论坛、科技转移中心和创新创业基地等平台，吸引和推动香港及海外的创新成果和企业落地。深圳的社会活力是创新经济高质量发展的源泉。优化行政管理制度体系，创新服务管理，有意识地培育社会资本，协调市场、政府和社会三者关系，充分利用粤港澳大湾区的空间布局，加快创新发展。涵育和发展战略性新兴产业的同时，为市场主体发展创造有利条件，逐渐减少创新和交易的成本，完善各项制度法规，减少经济活动中的不确定性，激励创新活动，激发社会活力，营造创新创业良好氛围。

　　四是注重开展文化创新。通过利用高新技术优势，深圳以深港合作的世界级舞台，展现了文化创新在产业活力、人才活力、政策活力、传播活力等方面的优势，搭建了开放、中立、活跃的国际化合作平台，推动了文化创新与相关产业多向深度融合，打造更多全域联动、全球链接、全民互动的文化创新场景。此外，深圳还在公共文化场所开通免费无线网络，使图书馆及书店藏书可在网上被查询到，让市民参加文化活动更方便、更快捷，并建立文化资源互动大数据平台，实现市、区、街道及社会文化资源、文化活动联动，以上下联通、资源共享的方式推进公共文化建设。

3.1.3 上海：从长三角大码头到国际创新城市

上海地处长江入海口，面向太平洋，自近代以来就一直领中国开放风气之先，是中国最大的城市、最大的经济中心和重要的国际金融中心城市。"它与邻近的浙江省、江苏省、安徽省构成了长江三角洲，是中国经济发展最活跃、开放程度最高、创新能力最强的区域之一。"① 上海是长三角区域创新体系的核心，是新兴的国际贸易中心和重要的国际航运中心，是国际文化大都市和重要的国际旅游目的地。2020年，上海工业用电量在笔者所统计的6座城市中排名第1，研究与试验发展经费内部支出在笔者统计的6座城市中排名第2，创新动力优势突出，但创新投入和创新成果的排名优势不明显（见表3-3）。因此，上海必须紧握创新主轴，持续"撑杆跳高"，才能保持独特优势和领先地位，全面提升城市能级和核心竞争力，面向2035年，"成为国际经济、金融、贸易、航运、科技创新中心，成为令人向往的创新之城"②。

表 3-3　上海创新文化模式构成要素（2020年）

一级指标	二级指标	数值	全国6城市排名
创新投入	普通高等学校	63所	4
	研究与试验发展人员占常住人口比重	1.29%	—
	研究与试验发展经费内部支出	1 615.69亿元	2
	研究与试验发展经费内部支出占地区生产总值比重	4.17%	4
创新成果	专利申请总量	214 601件	—
	专利授权总量	139 780件	4
	发明专利授权量	24 208件	3
	技术合同成交金额	1 815.27亿元	—

---

① 上海市人民政府新闻办公室，上海市统计局. 上海概览2020 [M]. 上海：上海人民出版社，2020.

② 上海市人民政府新闻办公室，上海市统计局. 上海概览2020 [M]. 上海：上海人民出版社，2020.

续表

一级指标	二级指标	数值	全国 6 城市排名
创新动力	社会消费品零售总额	15 932.5 亿元	1
	固定资产投资增速	10.3%	1
	城乡居民生活用电量	257.14 亿千瓦时	2
	工业用电量	707.17 亿千瓦时	1

数据来源：根据《上海统计年鉴2021》[①] 整理。

上海创新模式呈现四大特征。

一是"海纳百川、追求卓越"的城市品格涵育了上海的创新基因。得益于长三角大码头的开放流通和辐射带动效应，全球新事物、新观念汇聚上海，并通过上海走向全国。涌入这个码头城市的人群带来的多元文化基因，历经交融碰撞和沉淀，为上海的创新创造提供了肥沃的土壤。开放性和包容性是上海城市创新发展的重要特征，追求卓越是上海突出的城市品格。近代以来，上海一直领中国风气之先。民国时期，上海便是蜚声海内外的国际大都市，被誉为"东方巴黎"。新中国成立以后，上海的科技水平、管理水平连同"上海制造"的金字招牌，都稳居国内城市前列。改革开放之后，上海创新基因得到激发和释放，以敢为人先、敢闯敢试的创新意识和灵动机敏、与时俱进的创新特质，创造出一大批具有重大影响的创新成果和举措[②]，集聚和利用全球创新资源的能力大幅提升，城市创新内部网络和外部联系空前增强。目前上海已初步形成全球创新企业聚集、创新机构群集、创新资源和要素汇集的创新之城的雏形。

二是创新城市相关指标升幅放缓，但未来创新策源能力的提升潜力大。在笔者所统计的6座城市中，上海的普通高等学校数量、研究与试验发展经费内部支出占地区生产总值比重、专利授权总量、发明专利授权量均处于中游水平。在全球城市体系中，上海与纽约等头部城市存在一定距离。上海在科技创新、人力资本等创新能力相关排名中仍相对落后，且创新城市相关指标升幅相

---

① 上海市统计局，国家统计局上海调查总队. 上海统计年鉴2021［M］. 北京：中国统计出版社，2021.

② 2019年，上海共有52项重大科技成果获2019年国家科学技术奖，占全国总数的16.9%；上海科学家在国际顶级学术期刊《细胞》《自然》《科学》上发表高质量论文87篇，占全国总量的28.4%。2019年，涌现出世界首例生物节律紊乱体细胞克隆猴模型等一批重量级成果。

对金融、航运、总部集聚等指标升幅有放缓趋势。① 不过，从总体看，上海仍是全球知名的科研城市——"上海在全球科研城市中排名第五……在全球科创中心城市中排名第十二"②。

三是产业生态、产业规模优势突出，但未来创新要素支撑不足。上海社会消费品零售总额和工业用电量较高，产业生态丰富多样。全国经贸中心、金融中心、航运中心的城市定位更加夯实了上海的产业规模和优势。但在全球化与地方化的博弈下，上海的创新更多聚集在以服务经济为主导、以先进制造业和现代服务业发展为主体的本土传统产业格局上，而在国际未来产业创新方向，如新一代信息通信技术、新能源、新材料等的跨界集成创新领域，政府对推进产业融合创新发展的政策引领前瞻性不够，对自主创新、打造原始创新策源地的支持力度不大，对创新、协作的行政管控能力有待加强。科研院所、高校和科技型企业在市场转型中的适应能力参差不齐，与跨界创新联盟、微型跨国企业甚至个人等创新活动新主体的合作不充分。

四是海派文化推陈出新，走向世界。上海国际艺术节等综合性品牌节庆活动，以"创新发展"的理念为引领，已成为中国对外文化交流的重要窗口和国际艺坛具有影响力的著名艺术节。上海还举办上海市民文化节，以及"非遗集市、民俗展示、诗词赏析"等数千场"文化服务日"活动在各文化场馆、广场、公园及绿地同时开展，实行市、区、街镇、居村四级联动，并使用"文化云"平台，拓展线上活动空间。上海双年展、上海之春国际音乐节、上海旅游节等活动，让广大居民及游客享受到了精神、娱乐大餐。上海积极推进全球影视创制中心建设，全力打造独具魅力的亚洲演艺之都，上海国际电影节、中国国际数码互动娱乐展览会、上海国际艺术节等重要文化节的全球影响力得到进一步提升。

3.1.4 广州：科技创新为核心的全面创新

广州是粤港澳大湾区的枢纽城市，发挥着核心引擎作用。2018 年，广州首次将城市性质定位为国际交往中心和科技产业创新中心。根据《广州市城市总体规划（2017—2035）》草案，广州将致力于打造"美丽宜居花城　活力全

---

① 徐珺. 创新视角下全球城市的演化实践及对上海的启示［J］. 科学发展，2019（12）：16—26.
② 原始创新力、产业引领力、环境吸引力、资源配置力五年来有效提升　上海科创中心基本框架如期"交卷"［EB/OL］.（2020-10-22）［2022-03-23］.https://www.shanghai.gov.cn/nw4411/20201022/0a23b96a75d84ff59b81f46168045da2.html/.

球城市"。对标这一愿景,需要持续实施创新发展战略,坚持以问题为导向,补短板强弱项,系统谋划,拓展战略布局,把握趋势机遇,找准定位,不断提升广州创新发展质量效益,努力形成广州创新发展新优势。

受深圳等粤港澳大湾区创新中心的极化效应影响,同为粤港澳大湾区特大城市的广州,在专利授权总量、发明专利授权量等创新指标上落后于深圳。在本章所统计比较的全国6座城市中,广州普通高等学校数量次于北京和武汉,排名第3,研究与试验发展经费内部支出占地区生产总值比重排名第6,创新投入整体偏少(见表3-4)。专利授权总量排在深圳和北京之后,列第3位。创新动力的各项指标总体处于全国6座城市的中游水平。

表3-4 广州创新文化模式构成要素(2020年)

一级指标	二级指标	数值	全国6城市排名
创新投入	普通高等学校	82所	3
	研究与试验发展人员占常住人口比重	1.28%	—
	研究与试验发展经费内部支出	774.84亿元	4
	研究与试验发展经费内部支出占地区生产总值比重	3.10%	6
创新成果	专利申请总量	—	
	专利授权总量	155 835件	3
	发明专利授权量	15 077	4
	技术合同交易总额	—	
创新动力	社会消费品零售总额	9 218.67亿元	3
	固定资产投资增速	10.0%	2
	城乡居民生活用电量	220.36亿千瓦时	3
	工业用电量	431.87亿千瓦时	3

数据来源:根据《广州统计年鉴2021》[①] 整理。

在粤港澳大湾区建设和支持深圳建设中国特色社会主义先行示范区这两大国家战略和历史机遇面前,广州聚力打造粤港澳大湾区区域发展核心引擎,充分释放大湾区、先行示范区"双区驱动效应",加快实现老城市新活力及"四

---

① 广州市统计局,国家统计局广州调查队. 广州统计年鉴2021 [M]. 北京:中国统计出版社,2021.

个出新出彩"。

一是实施城市更新,释放产业高质量发展空间,全面提升城市品质。广州出台了深化城市更新工作、推动高质量发展的"1+1+N"政策体系(即实施意见、工作方案和多个指引文件),[①] 建立健全体制机制,为新一轮城市更新工作提供组织保障。同时创新利用法治思维、法治方式破解城市更新堵点、难点、痛点问题,致力打造"高质量、均衡性、协调性"宜居人文环境。

二是以"四个出新出彩"引领全面创新。2019年10月8日,《中共广东省委全面深化改革委员会关于印发广州市推动"四个出新出彩"行动方案的通知》(以下简称《通知》)下发。《通知》要求,以支持深圳先行示范区建设的同等力度,全力推动实施广州"四个出新出彩",实现老城市新活力,并以"四个出新出彩"引领广州全面创新。"四个出新出彩"分别是综合城市功能出新出彩、城市文化综合实力出新出彩、现代服务业出新出彩和现代化国际化营商环境出新出彩。四方面都制定了各自的行动方案,在方案中明确了预期目标,细化了主要任务、路径措施和执行部门。以《广州市推动城市文化综合实力出新出彩行动方案》为例,广州提出"力争到2022年,实现城市文明显著提升,文化事业繁荣兴盛,文化产业竞争力进一步增强,岭南文化中心地位更加彰显,对外交流门户作用充分发挥,城市文化综合实力与国家中心城市、国际大都市功能互促共进"的目标任务。

> 专栏3 《广州市推动城市文化综合实力出新出彩行动方案》(节选)
>
> 二、重点任务
> (一)习近平新时代中国特色社会主义思想凝心聚魂工程
> 1. 坚定不移用习近平新时代中国特色社会主义思想武装头脑。深化实施理论学习头雁工程,扎实开展"不忘初心、牢记使命"主题教育,把习近平新时代中国特色社会主义思想、党的十九大精神、习近平总书记对广东重要讲话和重要指示批示精神,作为党委(党组)会议第一议题,推动习近平新时代中国特色社会主义思想在广州落地生根、结出丰硕果实。
> 2. 深入推进党的创新理论学习传播。建好用好新时代文明实践中心(所、站),擦亮"百姓宣讲"品牌,打通理论宣传"最后一公里"。推动思想政治理论课改革创新,推出一批21世纪马克思主义理论精品课程。实施"网上理论传播"工程,用好"学习强国"平台,办好"新思想引领新时代"媒体理论特刊和高质量理论传播节目。

---

① 麦婉华. 广州:"四个出新出彩"焕发新活力[J]. 小康,2021(8):38—41.

续表

3. 打造马克思主义理论研究高地。加强习近平新时代中国特色社会主义思想研究及相关研究基地建设，鼓励有条件的高校申报和建设全国重点马克思主义学院，组织推出一批重大理论成果。实施广州青年马克思主义者培养工程，建设一批研究基地和实践基地。加强与中国社科院等国家高端智库合作，统筹推进15至20个人文社科重点研究基地向新型专业智库转型，擦亮"广州学术季""广州研究"品牌，提高研究成果转化率。

（二）红色文化传承弘扬工程

4. 建设红色文化传承弘扬示范区。支持建设广州市（越秀）红色文化传承弘扬示范区。整体规划保护中共三大旧址、广州起义烈士陵园、农讲所、中华全国总工会旧址、第一次全国劳动大会旧址、杨匏安旧居等红色革命遗址，连片打造革命史迹主题区域，擦亮英雄城市品牌。

5. 打造广州红色文化地标。完善红色革命遗址保护利用机制，实施红色文化设施和革命遗址保护规划建设提质工程。规划建设"中共三大纪念广场"与纪念群雕，整治提升海珠广场广州解放纪念雕像周边环境，建设东江纵队纪念广场。推动广东革命历史博物馆、广州博物馆与中国人民革命军事博物馆开展合作，定期在广州举办革命历史文化主题展览。

6. 深化红色文化研究教育。加强与中央党史和文献研究院合作，支持在广州建设党史展览馆，设立中共三大历史研究中心。整合全省红色文化资源，加快红色革命遗址普查建档，建立广州红色历史资源数据库和广州革命历史文献资源库。统一红色革命遗址挂牌标示。办好新时代红色文化讲堂，把革命遗址打造成为各级党校教学课堂和爱国主义教育实践基地。

7. 打造广州"红色之旅"名片。开展红色旅游资源全国普查试点工作。结合乡村振兴战略和特色小镇建设，鼓励文创企业、旅游企业进行红色旅游资源开发。规划建设红色旅游经典景区，精心打造"红色之旅"精品旅游线路及城市间红色之旅专线。加强红色文艺精品创作。

3.1.5 南京："天下文枢"变身"创新名城"

南京市是江苏省省会，与上海市同为长江三角洲核心城市。作为全国重要的科教文化中心，南京具有人才资源富集、人文底蕴深厚、区位交通便利、自然生态环境良好等优势。

南京市有普通高等学校53所，国家（重点）实验室17个，科教资源较为富集。在笔者统计的6座城市中，南京的创新投入在6座城市中偏低（见表3-5）。创新成果的指标都排名不高，表明其创新能力在6座城市中排名中下。整体而言，南京科技创新能力与北京、深圳、上海差距较大。创新动力中社会消费品零售总额排名第5，居民用电量排名第6，固定资产投资和工业用电量均排第4，表明其创新动力也与北京、上海、深圳有一定差距。总之，南京

"在长三角创新网络中属于次级创新城市节点"①。

表 3-5 南京创新文化模式构成要素（2020 年）

一级指标	二级指标	数值	全国 6 城市排名
创新投入	普通高等学校	53 所	5
	研究与试验发展人员占常住人口比重	1.58%	—
	研究与试验发展经费内部支出	465.16 亿元	6
	研究与试验发展经费内部支出占地区生产总值比重	3.31%	5
创新成果	专利申请总量	120 938 件	—
	专利授权总量	76 323 件	5
	发明专利授权量	14 897 件	5
	技术合同交易总额	609.80 亿元	—
创新动力	社会消费品零售总额	7 203.03 亿元	5
	固定资产投资增速	6.6%	4
	城乡居民生活用电量	97.45 亿千瓦时	6
	工业用电量	338.88 亿千瓦时	4

注：《南京统计年鉴 2021》中，研究与试验发展经费内部支出数据仅更新至 2019 年，故此表中"研究与试验发展经费内部支出""研究与试验发展经费内部支出占地区生产总值比重"为笔者根据 2019 年数据整理得出。

数据来源：根据《南京统计年鉴 2021》② 整理。

一是都市圈集聚创新资源。以科技资源和人才优势为依托，借力长三角高质量一体化发展及科技创新的溢出作用，南京深度融入长三角创新体系，打造了都市圈创新空间分布带。该分布带契合《南京都市圈发展规划》③ 圈定的"一核、一带、一区、四片"空间发展格局。一核是南京，其创新空间相比于

---

① 黄亮，王宝平，徐剑光，等. 基于评价与对策视角的南京创新名城建设研究[J]. 城乡规划，2019（6）：88—95+113.

② 南京市统计局，国家统计局南京调查队. 南京统计年鉴 2021［M］. 北京：中国统计出版社，2021.

③ 江苏省人民政府. 南京都市圈发展规划［A/OL］.（2021-04-16）[2021-04-23］. http://www.jiangsu.gov.cn/module/download/downfile.jsp?classid=0&filename=2be1bc854cce4e3886918ee334f8d9f7.pdf.

其他城市（主要指镇江、扬州、淮安、常州、芜湖、马鞍山、滁州和宣城等市）有着明显的优势。其次是扬州和镇江，两市与南京市一同占整个都市圈创新空间总量的67.8%。再者是芜湖和马鞍山，两市创新空间分别占都市圈创新空间总量的12.8%和6.4%。①

二是具有人力资本优势。南京从业人口中研发人员占比达到271.83人/万人，仅次于北京（306.05人/万人），高于深圳（252.52人/万人）、上海（186.60人/万人）②；南京"国家千人计划"人数（303人）位列北京、上海、深圳、杭州和武汉之后。人力资本优势助力南京打造"创新名城"、提升创新首位度，同时辐射南京都市圈。

三是企业创新的主体地位不突出。南京以专利和论文为代表的科研成果较为高产，"如在Web of Science上检索到的南京科技论文数量（5万篇），仅次于北京（15万篇）和上海（7万篇）"③，不过，这些发明专利等科研成果主要来源于高校而非企业，创新绩效又主要靠政府推动，企业创新的主体地位不突出。产、学、研分割的情况使科研成果产出没能有效地转化为高新技术和高端产业，没能培育出具有国际竞争力和全球影响力的创新型产业集群和"引擎"企业。

四是创新国际影响力较弱。因为缺乏创新型产业集群和"引擎"企业，南京在城市创新的基础支撑指标、投入产出指标等方面远远落后于北上广深苏杭等城市。以"国际PCT专利申请量"为例，深圳为20 500件，南京为481件；以在美国专利局USPTO、日本专利局JPO和欧洲专利局EPO三大专利局所申请的国际专利数量对比，深圳为5581件，南京为144件。④ 南京具有自主知识产权和自有品牌的高新技术产品有效供给不足，能用于出口的高新技术产品占比只有10%，而苏州占比超过30%。

3.1.6　武汉：以创新为引擎提档加速

湖北省省会武汉市地处长江中游的"九省通衢"之地，区位优势明显，产

---

① 王兴平，朱凯. 都市圈创新空间：类型、格局与演化研究——以南京都市圈为例[J]. 城市发展研究，2015（7）：8—15.

② 黄亮，王宝平，徐剑光，等. 基于评价与对策视角的南京创新名城建设研究[J]. 城乡规划，2019（6）：88—95+113.

③ 黄亮，王宝平，徐剑光，等. 基于评价与对策视角的南京创新名城建设研究[J]. 城乡规划，2019（6）：88—95+113.

④ 黄亮，王宝平，徐剑光，等. 基于评价与对策视角的南京创新名城建设研究[J]. 城乡规划，2019（6）：88—95+113.

业实力在中西部领先,科教资源丰富,是"一带一路"国际大通道和经济大走廊的交汇点。面对"双循环"新发展格局,立足自身优势,武汉市在"十四五"规划中确定的城市发展目标是"紧紧围绕国家中心城市、长江经济带核心城市和国际化大都市总体定位,加快打造全国经济中心、国家科技创新中心、国家商贸物流中心、国际交往中心和区域金融中心,努力建设现代化大武汉"①。

武汉拥有普通高校83所,在本章所统计比较的全国6座城市中,武汉的研究与试验发展经费内部支出名列第5,专利授权总量与发明专利授权量名列第6,创新动力领域的四项指标也处于中下游位置(见表3-6)。

表3-6 武汉创新文化模式构成要素(2020年)

一级指标	二级指标	数值	全国6城市排名
创新投入	普通高等学校	83所	2
	研究与试验发展人员占常住人口比重	—	—
	研究与试验发展经费内部支出	675.1亿元	5
	研究与试验发展经费内部支出占地区生产总值比重	4.32%	3
创新成果	专利申请总量	93 950件	—
	专利授权总量	58 923件	6
	发明专利授权量	14 667件	6
	技术合同交易总额	—	—
创新动力	社会消费品零售总额	6 149.84亿元	6
	固定资产投资增速	−11.8%	6
	城乡居民生活用电量	115.46亿千瓦时	5
	工业用电量	270.67亿千瓦时	6

数据来源:根据《武汉统计年鉴2021》② 整理。

立足与上海、深圳的差距,武汉实施创新驱动发展战略,具体如下。

---

① 中共武汉市委关于制定全市国民经济和社会发展第十四个五年规划和二〇三五年远景目标的建议[A/OL].(2020-12-30)[2021-04-23]. http://www.wuhan.gov.cn/zwgk/xxgk/ghjh/zzqgh/202012/t20201230_1583823.shtml.

② 武汉市统计局,国家统计局武汉调查队.武汉统计年鉴2021[M].北京:中国统计出版社,2021.

一是打通全流程创新链条,"打造内循环战略支点和双循环海外枢纽"[1],在新格局下激发武汉创新发展优势。东湖高新区是武汉探寻创新驱动发展之路的一个样本,其在科技部主持的2019年度国家高新区综合排名中名列全国第4[2]。2020年以来,武汉加快了争创东湖综合性国家科学中心和国际科技创新中心的步伐,发布了《东湖科学城建设发展规划》,东湖科学城和以东湖科学城为核心的光谷科技创新大走廊建设全面提速,它们正在构筑起中国中部"创新策源地",形成中部高质量发展新动力源。

二是在加大创新投入、加快创新成果转化、充分调动创新动力的同时,带动武汉周边城市的创新活动,通过提升城市自主创新、产业创新和体制机制创新能力,实现城市发展的新旧动能转换,持续提升以优势城市为核心的创新城市群发展能级。2021年5月19日,武汉城市圈九市[3]签署同城化发展协议,以推动武汉城市圈同城化发展。协议约定九市"规划同编、交通同网、科技同兴、产业同链和民生同保"。以东湖科学城为核心,共建"光谷科技创新大走廊"是九市"科技同兴"的主要抓手。以大走廊为创新产业联动轴,沿三条特色产业带串联若干特色发展组团,形成"一核一轴三带多组团"的科技产业空间布局。

专栏4 《武汉城市圈首次达成同城化发展协议》[4](节选)

发挥武汉和武汉城市圈引领作用,加快武汉城市圈同城化发展,全面增强武汉科技创新策源、高端要素集聚、综合交通枢纽联通、对外开放交流等功能,推进规划同编、交通同网、科技同兴、产业同链、民生同保,深化创新协同、产业协作、市场联动、开放互动、服务共享,建设"便捷、创新、开放、共享、绿色、活力"现代化城市圈,努力打造全省高质量发展主引擎、中部地区高质量发展主支点、全国重要增长极。

显著增强区域创新能力。增强科技创新策源功能,全力做强武汉创新引擎,高标准建设东湖科学城,集中布局一批高水平实验室和大科学装置,积极创建国家科技创新中心和武汉东湖综合性国家科学中心。建立跨区域成果转化、创业孵化、联合攻关等合作机制,共建开放、协同、高效的产业创新大平台,营造人才、资本、技术一体化布局的创新创业生态。

---

① 杨艳军. 构建新发展格局 重塑武汉经济新优势[J]. 长江论坛,2021(1):32—37.

② 综合排名位列前三的依次是北京中关村、深圳高新区和上海张江高新区。

③ 九市分别为武汉市、黄石市、鄂州市、孝感市、黄冈市、咸宁市、仙桃市、天门市、潜江市。

④ 武汉城市圈首次达成同城化发展协议[N]. 湖北日报,2021-05-20(6).

3.2 国外典型城市创新文化模式

3.2.1 纽约：规划引领城市创新

纽约是全球化背景下全球创新枢纽城市。创新的散点分布和创新经济的全球化促使经济活动的高层管理和控制进一步向纽约等世界城市集聚。同时，全球城市对世界的影响能力逐渐从单纯的资本控制能力向综合创新能力演化升级。资本控制和创新能力导致城市体系的极化加剧。纽约作为全球经济和综合创新的空间节点，承担着世界性的调控和集散功能，是全球城市体系中最高能级的城市之一。

2013年，纽约市政府发布了《纽约城市规划：更绿色、更美好的纽约》，侧重"绿色发展"，着力于居民生活环境的可持续发展；2015年，纽约市政府推出长期规划《一个纽约：打造强大而公正的纽约（2015—2050）》，强调"维持并不断提升纽约作为全球领先城市的地位"。[①] 以此为目标，纽约市将"创新之都地位、创业环境、人力资本潜能"等内容作为推动落实纽约创新发展战略的五大关键性支柱，它们都直接或间接与科技创新能力建设相关，表明纽约的关注点已转移至创新能力提升。

专栏5 推动落实纽约创新发展战略的五大关键性支柱	
关键支柱	主要内容
维持纽约的创新之都地位	大力支持核心产业，培养创新型经济，为创意企业提供新的专用空间；增加中央商务区顶级办公空间的容量；增加最先进的基础设施；招揽人才，建成实力强大的人才基地。
提供良好的创业环境	提供良好的创业环境，让企业在纽约更容易生存、发展和壮大。小企业在纽约企业中占98%，为各行各业的纽约人提供了晋升之路。未来帮助这些企业壮大，政府将通过小企业优先法案简化规章制度与监管程序。
发挥纽约的人力资本潜能	发挥纽约的人力资本潜能，为所有纽约人提供就业和培训机会，确保劳动力不仅能满足企业眼下的需要，也能胜任未来的工作。

---

① 徐珺. 创新视角下全球城市的演化实践及对上海的启示[J]. 科学发展，2019 (12). 16—26.

续表

提升城市内外交通与信息联系度	投资联结住宅区和公共场所、纽约和世界各地的基础设施建设，提高宽带覆盖率。在地理空间上更好地对接新兴的工作区和生活区，让90%的纽约人都能在45分钟内搭乘公共交通到达至少20万个工作场所。
投资基础设施建设和市属资产	投资基础设施建设和市属资产，让纽约在繁荣兴旺、公平公正、富有弹性三大重要领域大有所成，领导其他城市。

资料来源：《一个纽约：打造强大而公正的纽约（2015—2050）》，转引自徐珺：《创新视角下全球城市的演化实践及对上海的启示》，《科学发展》，2019年第12期。①

在城市规划基础上，纽约合理制定打造全球科技"创新之都"的城市经济和社会发展目标，以美国创新战略等政策法规为纲，确定自身的科技发展规划，并创新支持方式，加大投入力度。同时，针对创新型企业当前发展需求，针对人才、资本、空间、社区等领域提出专项政策。②

信息技术的广泛运用是纽约文化建设的一大特点。纽约运用大数据、网络、自媒体等形式，积极向全球展示、推介优秀文化资源和文化活动，开展文化活动展示、服务、管理等工作，让文化活动的体验感更强、互动性更好，让文化活动的丰富性和吸引力增加，市民能够更加愉悦、便捷、灵活地参与文化活动。

3.2.2 阿姆斯特丹：智慧城市战略促动城市创新

作为荷兰的首都和经济中心，阿姆斯特丹在推动城市的智慧化、创新化发展的道路上不断改进，成为建设智慧城市的范例城市之一，并于2011年荣获"欧洲城市之星奖"、2012年获得"世界智慧城市奖"、③ 2016年获得"欧洲创新之都奖"④。

在智慧城市建设方面，阿姆斯特丹于2009年启动了"阿姆斯特丹智慧城

---

① 徐珺. 创新视角下全球城市的演化实践及对上海的启示［J］. 科学发展，2019（12）. 16—26.

② 徐珺. 创新视角下全球城市的演化实践及对上海的启示［J］. 科学发展，2019（12）. 16—26.

③ 宋娜，杨秀丹. 阿姆斯特丹智慧城市建设及启示［J］. 现代工业经济和信息化，2017，7（5）：3—5+13.

④ 周静，梁正虹，包书鸣，等. 阿姆斯特丹"自下而上"智慧城市建设经验及启示［J］. 上海城市规划，2020（5）：111—116.

市"（Amsterdam Smart City，ASC）计划，该计划组织了包括政府部门、城市居民、相关企业和知识机构在内的主体，为城市建设与发展遇到的问题提出解决方案及可借鉴的创新理念。① 2013 年，阿姆斯特丹的创新引擎（AIM，政府机构）和肯尼斯克林基金会合并到阿姆斯特丹经济委员会，并成立阿姆斯特丹智慧城市基金会，该基金会在资金上保障了由政府、市民和企业等主体组成的在线平台——阿姆斯特丹智慧城市平台（ASCP）。阿姆斯特丹智慧城市平台被认为是建设智慧城市最为重要的组成部分，其集中了大学和相关研究机构、企业、协会以及市民等多种主体，在提高多方参与度与归属感的同时，有效地调动了多方力量助力阿姆斯特丹城市建设。②

在创新城市建设的过程中，阿姆斯特丹采用了 Living Lab 模式，该模式是欧盟"知识经济"中具有激发意义的重要模式，其以用户为中心，以现实生活社区为基础，鼓励政府和居民以及社会企业的多方合作，以改善科技创新环境。其强调的 5R 原则（Reduce 垃圾减量、Reuse 废物复用、Recycle 循环利用、Recovery 资源再生和 Repay 有偿）推动了再生能源的循环利用方式创新与示范应用，营造了可持续发展的城市环境，有效推动了阿姆斯特丹的可持续创新城市建设。③ 2015 年，阿姆斯特丹建设了世界第一个 iBeacon Living Lab，其定位是一个基于位置的大型开放物联网的测试场，包括居民、大学和企业在内的多方行为主体都可以在其中测试和开发应用程序，为新商业模式创造了机会，推动了阿姆斯特丹快速增长的物联网经济。

在营造智慧城市创新氛围方面，阿姆斯特丹强调城市发展结构的互动交流与生产效率，通过提高城市密度的方式取代侵占绿色空间的扩张式发展，形成更富有人性化的城市规模与尺度，加之推广了以自行车为代表的绿色低碳出行方式，阿姆斯特丹逐渐成为集约化空间框架下具有人性尺度的城市；同时，阿姆斯特丹不断地优化其营商环境，通过系列政策吸引国内外的优秀人才，其中，由阿姆斯特丹、阿姆斯特尔芬等城市和国家移民局、税务局联合倡议并共同创建的外籍人士服务中心（IN Amsterdam）通过简化移民注册、发放居留

---

① 宋娜，杨秀丹. 阿姆斯特丹智慧城市建设及启示［J］. 现代工业经济和信息化，2017，7（5）：3—5＋13.

② Amsterdam Economic Board. Amsterdam Smart City［EB/OL］.（2019-09-02）［2021-06-13］. https：//amsterdamsmartcity.com/.

③ 童腾飞，宋刚，刘惠刚. 欧洲智慧城市发展及其启示［J］. 办公自动化，2015（7）：6—13.

许可等相关流程，为符合当地发展需求的高技能移民员工提供更为便利的服务，推动创新人才的引进。

3.2.3 伦敦：文化创意推动城市创新

伦敦是全世界知名高校数量最多的城市之一。在2021年QS世界大学综合排名前50的大学中，伦敦的帝国理工学院、伦敦大学学院、伦敦大学国王学院、伦敦政治经济学院分列第8、10、31、49位，数量居全球城市第1位。伦敦"长期处于GaWC网络联系度顶端"[1]，扮演典型的基于全球生产网络的资本与价值链管控中心的角色，且创新能力正在逐年上升。

英国是率先提出发展文化创意产业的发达国家之一，伦敦则引育了大批国际化的创意人才，正着力建设"世界创意中心"代表性城市。2017年，文化创意产业为伦敦经济贡献达470亿英镑。文化创意产业的就业人数年平均增长率高达36.9%，每6个伦敦人就有1个从事文创工作。[2] 文化创意成为伦敦在全球的城市名片之一。伦敦以行政区划为基础，评选出具有地域文化特色和多元文化融合等特点的"文化区"——沃尔瑟姆森林区和布兰特区分别被评选为2019年度和2020年度的"伦敦文化区"。[3] 伦敦市为两个区各拨款135万英镑作为活动经费，筹备了精彩的活动以吸引区域内超过85%的家庭参与其中。

3.2.4 东京：控制全球产业链，驱动城市创新

东京湾是世界三大湾区中区域生产总值规模最大的湾区，在从"世界最大工业带"到"知识型湾区"的转型中，伴随着区域生产总值规模攀升，呈现资本中心和创新中心复合化态势。全球26%的"创新百强"位于东京湾区。世界知识产权组织发布的"2019年全球创新指数"显示，按城市圈划分，位于东京湾的京滨工业带（东京和横滨都市圈）在科技城市群当中蝉联第一。[4]

---

[1] 徐珺. 创新视角下全球城市的演化实践及对上海的启示[J]. 科学发展，2019(12). 16—26.

[2] 彭婷婷. 英国文创地产的启发[J]. 城市开发，2019(12)：78—79.

[3] 强薇. 英国成立首个"伦敦文化区"[EB/OL]. (2019-01-16) [2021-10-09]. http://www.xinhuanet.com/world/2019-01/16/c_1210039023.htm.

[4] 翟少辉. 东京湾的科技与创新：把握产业链上游与核心技术 以"控心"应对"空心"[EB/OL]. (2019-12-18) [2021-06-01]. http://www.21jingji.com/2019/12-18/yMMDEzNzlfMTUyMjYyMQ.html.

东京创新能力建设的亮点之一是开拓产业新方向。产业新方向的产生，一是基于东京跨国公司总部众多的优势，通过增强跨国公司管理、技术持续创新以及开发新的服务品种及金融衍生产品，"以满足控制不断延伸和拓宽的全球产业链的需要"①；二是基于东京较为发达的产业结构，东京拥有非常发达的中高端制造业，保留有较多的高科技制造业，包括汽车及其零部件制造商、电子产品制造商等，知名企业有丰田汽车、索尼、佳能等世界 500 强企业，通过推动制造业产业链不同环节的合作，形成了核心城市—科研城市—工业城市—空港城市的多中心多圈层城市功能体系。

东京创新能力建设的亮点之二是引领技术新发现。东京在技术发明领域具有明显优势。尽管其独角兽企业数量较少，但东京的高新技术产业产值与出口量占全球总量的五成以上，创新成果商业化建设水平在世界范围内遥遥领先，从侧面反映出东京包括中小微企业在内的全产业链技术发现与创新能力较为突出。

东京创新能力建设的亮点之三是培育产业新内容。科技含量很高的高新技术产业和信息服务业逐渐成为东京拉动经济发展的新选择。通过设立内容产业孵化中心、举办东京数字内容博览会等对内容产业进行扶持。内容产业孵化中心的设立为动漫、电影、游戏等的初创企业提供廉价、舒适的办公环境，其所配备的专业人员为入驻企业提供了法务、商务、融资、知识产权管理等一站式服务。此外，内容产业孵化中心还定期组织讲座、座谈等交流会，支持企业经营发展。

---

① 周晔. 世界城市经济发展的最新趋势及其对北京的启示 [J]. 特区经济，2010 (12)：99—101.

第 4 章

成都创新生态的历史基础

　　成都自古以来就是一座勇于创新的城市,在波澜壮阔的历史中,敢为人先的成都人创造了一个又一个举世瞩目的成就,包括修建都江堰水利工程、文翁办学、撰写《华阳国志》、发明交子等。这些创新实践是几千年里激发成都历史前进、文化发展的内生动力,也是持续推动城市进步的源源不断的动力源泉。可见,成都具有培育与推进创新的良好社会历史基础和人文生态基础。

4.1　成都历史上的创新概况

　　约 4500 年前,古蜀先民沿岷江河谷一路南下来到成都平原。由岷江和沱江等河流冲积而成的扇形平原土壤肥沃、河流纵横,便利的灌溉条件和温润的气候利于农作物的生长,古蜀先民在此扎根定居,农耕桑织。蜀人世代沿袭着推陈出新、不断进取的创新精神,在经济、社会、文化等方方面面取得了卓越成绩。几千年来成都城址不迁,城名不改,始终屹立于历史长河之中。成都历代持续不断的繁荣发展体现出了取之不尽、用之不竭的创新驱动力。

4.1.1　从古蜀至三国:多方协同的创新举措赢得"天府之国"的美誉

　　随着宝墩古城、三星堆遗址和金沙遗址的发掘,古蜀文明悄然揭开了面纱。位于成都西郊的金沙遗址,出土了包括太阳神鸟金箔、金面具在内的金器、玉器、象牙器、石器等 2000 余件高规格文物。[①] 这片包括宫殿区、宗教祭祀区、一般生活区、墓葬区等在内的大型考古遗址是我国 21 世纪初最重大

---

① 朱章义,张擎,王方. 成都金沙遗址的发现、发掘与意义[J]. 四川文物,2002(2):3—12.

的考古发现之一。位于成都北郊的用于宗教祭祀和盟誓的羊子山土台遗址，以及在成都西部的十二桥大型宫殿性木结构建筑遗址等，与金沙遗址一起，共同展示了成都规模宏伟、尊卑有序的早期城市中心聚落网络体系。① 古蜀文明遗存展示出的精湛绝伦的手工制作技艺、庄严神圣的祭祀礼仪等，在当时都是具有极大创新性的先进文化。

公元前 316 年，秦并巴蜀，成都成为蜀郡郡治。历任蜀郡官员矢志尽职，张若仿造咸阳城规制第一次修筑起成都城池，李冰凿离堆，修都江堰，开郫、检"二江"，建"七星桥"，形成"二江珥市"的城市格局。西汉时期，成都是汉武帝开发"西南夷"的桥头堡，不仅在蜀锦、井盐、漆器、蜀刀、茶、酒等手工业产品生产领域独具一格，在文化教育方面也处于领先地位，尤其是文翁治蜀时创办直属郡府的郡学，对开化蜀人、兴文教风气具有积极的推动作用，也对全国的文化教育普及起到了示范作用。三国蜀汉之际，刘备、诸葛亮励精图治、休养生息，兴修水利，重视丝织、漆器、井盐等手工业生产。总体而言，秦汉三国时期的成都在城市建设、水利工程、手工业制作和文化教育等多方面协同奋进的创新举措，使之逐渐发展为"既丽且崇"的全国性大都市。②

4.1.2 从隋唐至两宋：全社会创新迭出合力开启繁荣鼎盛的黄金时代

隋唐时期，成都是距离国都长安最近的大都会之一，因此受到格外地重视，加之优良的自然条件和丰富的物产，蜀地由此成为隋唐时期重要的物资生产之地和人文荟萃之地。③ 成都不仅在丝织业、造纸业和雕版印刷业等手工业上表现出兴盛繁荣的势头，在艺术与学术领域也是创新迭出。从"自古诗人例到蜀"的蜀中诗歌繁荣，到音乐名都会、蜀戏冠天下，再到唐末五代时期画师云集西蜀，以及地方史志的蓬勃发展，经济社会的繁荣及文化的昌盛使这一时期的成都被誉为"国家之宝库"④。

---

① 李明斌. 羊子山土台再考 [M] //成都文物考古研究所. 成都考古研究（一）上. 北京：科学出版社，2009：246—256.
② 罗开玉，谢辉. 成都通史·秦汉三国（蜀汉）时期 [M]. 成都：四川人民出版社，2011：16.
③ 谢元鲁. 成都通史·两晋南北朝隋唐时期 [M]. 成都：四川人民出版社，2011：14.
④ 徐鹏. 陈子昂集 [M]. 北京：中华书局，1960：202.

前后蜀至两宋时期，以成都为中心的蜀地进入经济高度繁荣的黄金时代，① 蜀地也逐渐成为全国最为发达的地区之一。随着城市的繁荣和商业的发达，人们拆除坊墙，临街设肆，并出现了按月令季节集中销售货品的十二月市、拓展交易时间的夜市以及城郊的草市镇。水利及耕种技术上的持续更新发展，使得成都平原的农业生产高度发达，成都锦院的大规模集中生产促进了丝织业的发展，茶法变更等则较大地推动了茶业生产的发展和茶马交易的活跃，文化的发展和原料的丰富使成都成为全国著名的造纸和印刷中心。由于商业的高度发达，交子作为世界最早的纸币在成都出现了。政治的长期稳定、经济的高度发达也带来了蜀地这一时期文化和教育的极大辉煌，如中国第一部文人词集《花间集》产生，闻名遐迩的蜀石经开始刊刻，以及蜀学的全面鼎盛发展。

4.1.3 元明清以降：根植的创新精神促进经济社会迅速恢复与近代化转型

元代全国经济重心向南移，成都在全国的经济地位比前代有所下降，但地处西部的成都历来都是连接中原与西南各民族的重要节点，在政治、经济、文化等方面仍然是"首领西南"的大都会。元明行省制的建立从行政制度上进一步巩固了成都的地位，为成都的发展增添了新的优势。② 蜀地自古以来经历了多次移民迁徙，尤其在宋元战争以后，大批湖广等地的移民涌入，促使成都形成了五方杂处的人口状况，各地文化在此交融碰撞出独特而富有创新精神的成都文化。茶马贸易的大发展使许多独特的传统手工业也得到传承与创新。在文化上，这一时期出现了博学饶著的天才文人杨慎。

明末清初的长期战乱使得"沃野千里"的成都人口锐减、满城废墟、野兽出没。但在招抚流亡、轻徭薄役的政策鼓励下，大批移民涌入，经济社会"起死回生"并迅速恢复，康熙二十年（1681年）后逐渐进入承平时期。清代晚期以来，成都施行创办四川机器局、开办尊经书院、官派留学生、改革军制与训练新军等措施，在经济、社会、文化等的近代化转型之路上迈出了步伐。

声势浩大的保路运动引发辛亥革命，彻底推翻了延续 2000 余年的封建帝制。随后新文化运动也在成都勃兴。五四运动在成都得到了大力响应。王右木、吴玉章等有识之士率先为成都带来了马克思主义的先进思想，中共组织及

---

① 贾大泉. 宋代四川经济述论 [M]. 成都：四川省社会科学院出版社，1985：4.
② 陈世松，李映发. 成都通史·元明时期 [M]. 成都：四川人民出版社，2011：50.

活动早早在此蓬勃发展。抗战时期，成都作为大后方，大量的机关、企业、学校内迁于此，华西坝人才荟萃、大师云集，同时，以成都为中心的四川也大批输出人力、物力，为抗战胜利做出了卓越贡献。彭县起义后，成都和平解放，迎来新生。

4.2 成都历史上的创新生态

在灿烂辉煌的成都历史上，各式各样数不尽的创举、革新闪烁着璀璨光芒。几千年来，成都历经数次劫难，仍然奇迹般地迅速恢复，始终向世人展现出安逸富足的天府之国景象，究其原因有很多，而拥有孕育和激励创新的良好文化生态无疑是重要的一点。本节以案例分析的方式，回顾历史，力争还原成都几大创新案例所处的创新生态环境。

4.2.1 肇始于自然的手工业创新：蜀锦的经久不衰

丝织业自古以来就是成都闻名天下的特色产业。早在古蜀时期，成都平原的先民就开始了采桑养蚕、缫丝织锦。扬雄《蜀王本纪》记载，古蜀第一代君王蚕丛"教民蚕桑"。在相当于商晚期的三星堆 2 号祭祀坑出土的青铜大人立像已展现出蜀地较为发达的丝绸业发展水平。[①] 秦汉三国时期，成都成为与齐鲁地区齐名的两大丝织业基地之一，人们大规模种桑养蚕、织锦制衣。蜀锦不仅作为上等贡品向朝廷进贡，而且畅销全国。三国时期，蜀锦收入甚至成为蜀汉重要的军费来源。隋唐、五代、两宋以至清代，成都在织锦机械、织锦工艺、织户管理、产品交易等方面不断创新，始终是居于全国领先水平的重要织锦中心，也因此拥有"锦城"的美名。

成都拥有良好创新生态，从创新资源、创新环境到创新基础、创新主体等方面的良性循环为特色产业提供了肥沃的土壤和持续的动力，这也许就是成都织锦业几千年来经久不衰的奥秘。下文尝试对织锦业在成都发展的创新生态做简要分析。

一是得天独厚的自然条件为其奠定必备的创新基础。成都属于亚热带东南季风气候，温暖湿润，无严寒酷暑，河渠纵横。优越的农业环境使成都宜于栽桑养蚕。蜀中桑林广茂，野蚕自然繁殖结茧，蜀人从尝试利用野蚕煮茧抽

[①] 陈显丹. 论蜀绣蜀锦的起源[J]. 四川文物，1992 (3)：27.

丝，到逐渐掌握驯养家蚕、缫丝织锦。① 因此，独特的气候条件和自然物种为成都织锦业的不断进步提供了必不可少的创新基础。

二是人才辈出的织锦从业者为其提供引领发展的创新主体。从"教民蚕桑"的蚕丛，到创制"陵阳公样"各类新式纹样的窦师纶，再到大批从事蚕桑业的女工们，他们在长期的织锦劳动中，反复实践，大胆探索，尝试在各环节上推陈出新，他们是织锦业迭代更新的人才驱动力。如成都土桥曾家包的东汉石刻上就展示了一块脚踏板的单蹑织机图案②，反映了织锦者及其相关行业从业者的创新实践。

三是数量众多的织锦作坊为其提供规模化生产的创新资源。秦汉时期穿城而过的"二江"两岸便分布着众多织锦作坊，所谓"伎巧之家，百室离房，机杼相和，贝锦斐成"③。秦汉郡府和蜀汉朝廷还建有专为官府织锦制衣的官营作坊。宋代出现了脱离农业生产、专门从事织锦业的"机户"，宋代吕大防在任成都知府时，开办官办的大规模生产基地——成都锦院。类似于今天企业在创新生态中发挥的作用，历史上这类织锦业生产单元聚集了众多能工巧匠，以其专业团体组织方式为技术的传习与工艺的革新提供了更加便利的条件。

四是政府的统一管理为其营造持续发展的创新环境。秦灭蜀后，在夷里桥南岸设锦官城，置锦官。④ 三国时期，蜀汉政权的刘备、诸葛亮等人鼓励蚕丝生产，再次设置锦官管理织锦业，统一调拨生产和销售，从而使织锦业成为支撑蜀汉政权及其军事活动的支柱产业之一。这种政府管理组织的方式历代延续，明代蜀王府设置锦坊，督工织造官方所需锦缎。⑤ 政府的鼓励和有效管理为成都织锦业的持续繁荣提供了制度保障。

五是巨大的市场需求为其提供持续创新的直接动力。历代皇室和上层贵族十分喜爱成都的丝织品，蜀锦被当作贡品进献朝廷，并作为抢手货流行于世。关于朝廷、贵族对蜀锦的喜爱和追捧的记载，在史籍中比比皆是，如《旧唐

---

① 常璩. 华阳国志校补图注 [M]. 任乃强注. 上海：上海古籍出版社，1987：220.
② 赵丰. 汉代踏板织机的复原研究 [J]. 文物，1996 (5)：89.
③ 左思. 蜀都赋 [M] //严可均. 全上古三代秦汉三国六朝文. 北京：中华书局，1958：3766.
④ 顾祖禹. 读史方舆纪要 [M]. 贺次君，施和金点校. 北京：中华书局，2005.
⑤ 成都市地方志编纂委员会. 成都市志·丝绸志 [M]. 北京：方志出版社，2012：249.

书》"每岁于西川织造绫罗锦八千一百六十七匹,令数内减二千五百十匹"①一句,记载了皇室令成都地区织造大量高级丝织品的史实。再如韦皋在成都任节度使时,"凡军士将吏有婚嫁,则以熟锦衣给其夫氏,以银泥衣给其女氏"②。蜀锦不仅畅销国内,其声名也远播海外,绚丽精致的蜀锦通过丝绸之路在西域诸国以及西亚等地成为畅销品。

此外,蜀锦在历代积淀下来的享誉天下的品牌效应,以及长期产业繁荣培育出的浓郁社会风气和深厚民众基础等,也为成都的织锦业提供了重要的创新生态。

4.2.2 从金属货币到纸币的金融业创新:交子的诞生

交子是世界最早的纸币,产生于宋代的成都。纸币的使用是现代商业贸易必备的前提条件,因此,交子的发明在世界金融史上具有里程碑意义。比起1661年瑞典斯德哥尔摩银行发行的西方纸币,交子的出现时间要早600多年,这是中华民族的伟大创新和实践。交子产生所具备的创新生态,可以大致概括为以下几个方面。

一是社会经济的发展为其产生提供了必备条件。唐代成都与扬州合称"扬一益二",经前后蜀的安定繁荣,至北宋时期,西蜀已成为我国经济最发达的地区之一。宋代成都出现按月令季节集中销售土产的十二月市,加速和促进了商品经济的发展。宋代成都的手工业也是十分繁荣,织锦、制瓷、制茶、造纸、印刷等行业都有较大发展,出现了许多行销全国的抢手货。各类商品的大批量交易和各类市场的繁荣造成了对货币的庞大需求,这是推动交子产生的直接原因。

二是成都通行铁钱为其产生提供了催化剂。③ 后蜀广政时期政府开始铸造铁钱,与铜钱混用,而后蜀灭亡后,宋朝则令全蜀取铜钱上供,蜀地逐渐变为铁钱流通区,铁钱币值较低,铜铁钱币值比大致为1∶10。④ 宋人李攸在《宋朝事实》中记载:"小钱每十贯,重六十五斤,折大钱一贯,重十二斤。街市买卖,至三五贯文,即难以携持。"该则材料生动反映了低币值铁钱在贸易和

---

① 刘昫,等. 旧唐书[M]. 北京:中华书局,1975:537.
② 曹学佺. 蜀中广记[M]. 杨世文点校. 上海:上海古籍出版社,2020:724.
③ 贾大泉. 交子的产生[J]. 四川金融,1994(S1):17.
④ 粟品孝. 成都通史·五代(前后蜀)两宋时期[M]. 成都:四川人民出版社,2011:256.

生活中的携带不便。铁钱太重，不能适应当时成都商品经济高度发达的现实需要，从另一角度促进了纸币交子的出现。

三是前期积累的各种信用票据为其产生提供了创意借鉴。交子出现之前，唐代就已产生了铸币名义值与实际价值相分离的虚价货币，以及用于远距离汇兑的"飞钱"。宋代，随着商品经济进一步繁荣发展，出现了具有延期付款、货款借贷、抵押典当、柜坊保管、汇兑等功能的各种信用票据，如债务契约、当票、存款支票、"便换"等。这些信用票据的创意启发了"交子"的发明，同时，长期积累形成的社会信用也为交子的产生奠定了重要的社会基础。

四是相关产业生态圈的支撑作用。首先，北宋时成都发达的造纸和印刷技术为交子的出现提供了重要技术支撑。作为流通的纸币，交子需要以厚实耐磨、能多次折叠、久用不坏的纸张作为材料，而成都是唐宋时期全国知名的造纸基地，尤其是成都府广都县，以当地十分常见的楮树皮为原料生产的楮纸，质地厚实、坚韧耐磨。元代费著《蜀笺谱》记载："凡公私簿书、契券、图籍、文牒，皆取给于是。"楮纸是契约文书普遍采用的纸张，也为交子所采用，因此，交子别称为"楮券"。其次，交子作为凭券流通的纸币，需要有复杂的图文标记等来防止伪造。《宋朝事实》记载："同用一色纸印造，印文用屋木人物，铺户押字，各自隐密题号，朱墨间错，以为私记。"交子上需要用朱、墨、青等多色套印各种复杂图案，并印制特殊的防伪标记，这些都对印刷水平提出了很高的要求。而四川是宋代全国四大印刷中心之一，赫赫有名的蜀刻尤其集中在成都地区。精良的雕版印刷技艺、大批从事刊刻印刷的人才，以及官刻、私刻等多种行业组织形式等，都为交子所需的印刷提供了必需的技术支撑和相关产业生态。

五是个人及企业的创新。关于交子产生的时间及过程，史料缺乏确切记载，少有的几处文献也相互抵牾，说法各异。辨析史料，大致可以确定交子最初是以私交子的形式诞生的。这是私人大商号之间依靠商业信用抵押担保的自发行为，《宋朝事实》载："始益州豪民十余万户，连保作交子。"因此，头脑灵活的商人及敢于创新的大商铺在交子的发明中起到了重要作用。

六是政府的引导和规范作用。据《续资治通鉴长编》卷五十九载："私以交子为市，奸弊百出，狱讼滋多。"私交子产生初期，造伪制假者不绝，因此产生不少诉讼案件。大约在咸平六年（1003年）时，张咏任成都守臣，整顿交子，将交子发行权指派给十户富民，确定了三年为界的汇总制度，保证了纸币市场的正常秩序。① 天圣二年（1024 年），宋仁宗批准建立了益州交子务，正式发行官交子。政府设置了专门主管交子发行的机构，任命了相关的官吏。在借鉴私交子的票券图案形式之外，还铸造交子务的专属铜印，在交子上加盖铜印，并在发行时登记账簿入册，以官方的权威确保纸币币值的稳定。

4.2.3 聚才育人的绘画创新：西蜀画院的巅峰时代

从中晚唐、五代至北宋时期，成都可以说是全国的绘画中心，大批优秀画家云集于此。据北宋黄休复在《益州名画录》②中的记载，从安史之乱至北宋初年的四川画家约有 60 人，其中聚集在成都及其周边的达九成。这些画家在山水、人物、花鸟及佛道宗教等题材上都达到很高的境界，形成了中国绘画史上的一座高峰。分析这一时期使成都成为全国知名绘画中心的创新生态，大致有以下几方面。

一是繁荣安定的经济社会为其提供艺术创新的社会条件。安史之乱后，关中和中原地区战乱纷扰，"人烟断绝，千里萧条"③，而蜀地则因偏于一隅而少有战事，保持了相对的政治安宁和经济社会平稳发展。作为唐玄宗、唐僖宗先后避难之处，成都也成了大批文人百姓躲避战乱之地。经济繁荣、社会稳定为绘画等艺术的繁荣昌盛提供了重要的温床。

二是大量绘画人才的聚集为其提供了必不可少的创新主体。唐代安史之乱、黄巢之乱后，有许多优秀的宫廷和民间画师纷纷跟随唐玄宗、唐僖宗赴成都避难，如《益州名画录》云："唐二帝播越及诸侯作镇之秋，是时画艺之杰者游从而来。"这些画家们个个身怀绝技，有的擅长画道释人物，有的善画山水、花鸟，众多画家的云集，为成都成为绘画中心提供了充足的人才基础。

三是画家师徒传授的教育风气营造了良好的创新氛围。随着中唐以后大批画家的入蜀，成都拥有了宝贵的绘画教育师资力量，这些画家通过家学传承、师徒传授等方式培育了大量的绘画人才，其中也涌现了极为杰出的绘画天才。如黄荃、孔嵩，二人有"孔类升堂，黄得入室"之喻，④ 这主要得益于黄荃广益多师。黄荃师从刁光胤学习画竹石花雀，又跟孙位学画龙、松石、墨竹，跟

---

① 粟品孝. 成都通史·五代（前后蜀）两宋时期 [M]. 成都：四川人民出版社，2011：260.
② 黄休复. 益州名画录 [M]. 成都：四川人民出版社，1982.
③ 刘昫，等. 旧唐书 [M]. 北京：中华书局，1975：3457.
④ 黄休复. 益州名画录 [M]. 成都：四川人民出版社，1982：65.

着李升学画山水竹树,① 师从滕昌祐学习画花和竹子，师从薛稷学习画鹤等，所以黄荃兼有众体之妙，终成一代大师。《益州名画录》也记载了一些流寓蜀地、通过家学传承画技的画家，如赵公祐、赵温其、赵德齐祖孙三代，常粲、常重胤父子二人。此外，从秦汉至唐宋，蜀中悠久的绘画传统也为晚唐时期西蜀绘画的兴盛提供了充足的历史养分。

四是经典作品的示范引领为其提供了宏大的创新目标。随着大批中原画家的入蜀，许多稀世真迹也流入成都，《益州名画录》载：赵德玄入蜀时携有"梁隋及唐百本画，或自摸搨，或是粉本，或是墨迹，无非秘府散逸者，本相传在蜀，信后学之幸"，这些经典作品为西蜀画家们树立了典范目标。在那个时代，人们往往只有通过亲身瞻望和临摹名家真迹来实现对经典作品的学习。因此，这些中原画家们带来的经典作品就成为西蜀学画者难得的精品教科书。

五是政府的重视和引导为其提供了创新的组织保障。唐代后期历任剑南西川节度使如韦皋等，都给予画家们较高的礼遇。② 《益州名画录》载，赵公祐入蜀，"赞皇公李德裕镇蜀之日，宾礼待之"③。常粲在"路侍中岩牧蜀之日，自京入蜀，路公宾礼待之"④。前后蜀时期的君王热爱绘画，后蜀主孟昶还创设"翰林画院"。

六是庞大的市场需求为其提供了创新的直接动力。首先，宗教兴盛推动了佛寺道观的广泛设立，这些场所以壁画形式宣扬佛法道旨，使得画家们拥有了施展才华的空间。据《益州名画录》记载，当时多数画家都有为佛寺道观作画的经历。如陈皓、彭坚还曾就作宗教画一较高下，二人"各画天王一堵，各令一客将伴之，以幔幕遮蔽，不令相见，欲验谁之强弱"，结果是"二公笔力相似，观者莫能升降"。⑤ 这种现象既给画家带来收入，也带来竞争，激励他们尽力提高绘画技术。其次是许多中原士族缙绅避乱来到成都，他们热心购置书画且"不吝财施"，从而形成一个庞大的文化消费市场。市场的庞大使众画家在成都以画谋生成为可能，并在此基础上追求艺术的精进和升华。

---

① 黄休复. 益州名画录 [M]. 成都：四川人民出版社，1982：49.
② 谢元鲁. 成都通史·两晋南北朝隋唐时期 [M]. 成都：四川人民出版社，2011：335.
③ 黄休复. 益州名画录 [M]. 成都：四川人民出版社，1982：13.
④ 黄休复. 益州名画录 [M]. 成都：四川人民出版社，1982：40.
⑤ 黄休复. 益州名画录 [M]. 成都：四川人民出版社，1982：18.

4.2.4 融汇南北的曲艺创新：川剧的形成和兴盛

川剧是明清时期成都城市文化的典型代表。川剧融汇了昆曲、高腔、胡琴、弹戏和灯戏五种声腔，剧目丰富，舞台形式多样，唱腔优美婉转，戏文雅俗共赏，尤其是特殊技艺"变脸""吐火""顶灯"等令人惊叹称绝，是中国戏曲之林中不可忽视的艺术瑰宝。成都作为四川的政治、经济和文化中心，也自然成为川剧形成和繁荣的基地。下文就对川剧在成都获得不断兴盛的创新生态展开简要分析。

一是成都城市商业繁荣为其提供了社会土壤。经过康乾盛世的休养生息，成都逐渐从明末清初的劫难中恢复，川陕、川滇、川藏的陆路以及经三峡出川的长江水路都较为畅通，成都再度成为西南区域的交通中心，各地客商在此聚集，四方货物在此流通，各类商贾在此交易。成都店铺林立、市场齐全，商业贸易兴旺繁荣，一派欣欣向荣。商业的繁荣与生活的富足也为娱乐休闲的丰富提供了物质前提，加之自古盛行的游乐之风，成都此时仍保持着"锦城丝管日纷纷"的景象，川剧也因此而具有了良好的社会环境和广阔的发展空间。

二是大移民带来的文化大融合为其提供了创新的源泉。成都历史上经历了数次大移民，尤其是清初四川遭受数十年战乱，人口锐减，政府实施"湖广填四川"的移民垦殖活动，使得来自陕西、山西、湖南、湖北、江西、安徽、广东、广西等地的大批移民涌入成都，随之而来的是各地的习俗、文化、艺术等。戏曲作为深受人们喜爱的艺术形式，也跟随迁徙的移民人潮广泛地跨区域传播着。如江苏昆山的昆曲、江西弋阳的弋阳腔、陕西的秦腔、湖北的皮黄腔等，都先后齐聚成都。各类戏曲声腔百花齐放、各显灵通、互相交流、切磋学习，最终"融五腔于一炉"形成了异彩纷呈的川剧。

三是广阔的市场为其提供了创新直接推动力。新老川人都十分热衷于看戏，无论是会馆堂会还是大小庙会，戏台上张灯结彩、敲锣打鼓，戏台下满座看戏、观者如潮。《成都通览》记载："成都妇女有一种特别嗜好，好看戏者，十分之九"[①]，表明观戏是当时成都女性普遍喜爱的一项娱乐活动。戏剧在成都有大量观众，观众的兴趣爱好直接推动着川剧艺术的进步和发展。早期移民钟情于各自故乡的戏曲，以听戏寄托乡思和联络乡情，同乡会馆但逢节庆

---

① 傅崇矩. 成都通览 [M]. 成都：巴蜀书社，1987：112.

常以戏聚人。文人雅士和士大夫阶层深爱昆曲的曲调婉转细腻、词文清幽雅致，因此在其同乡聚会、会馆演出、官邸私宅的堂会上盛行昆曲。而通俗活泼的本土高腔融汇外来的弋阳腔，十分契合下层人民的喜好，深受市井百姓的欢迎。随着移民社会的融合发展，人们的审美观念也随之丰富多元，庆典堂会、城乡庙会等对文武兼备、全才全能的"风绞雪"戏班（"风绞雪"戏班指同时包容高曲、昆腔、胡琴、弹戏、灯戏五种声腔的戏班）的需求增加，促使五腔融合。

四是精英艺术家个人的创新实践对于川剧形成的贡献。如昆曲艺人周辅臣、赖家林以及川戏艺人岳春等，根据四川人的欣赏习惯，以成都语音为标准，对昆曲的唱词和念白做了适当矫正，唱腔仍然保持苏韵，使其逐渐演变为川剧的昆腔。再如专攻秦腔花旦的魏长生，他在四川本土声调基础上，改革秦腔传统唱法，将秦腔、京腔和徽调融会贯通，创造出川剧的弹戏。①

五是行业团体对其创新的推动作用。在川剧形成过程中，专业戏班和行业组织发挥了重要的促进作用。清代以来，班（部）逐渐成为成都的戏曲演出组织单位。据不完全统计，雍正至宣统180多年间，活跃于成都地区的知名戏班多达30余家，②如"舒颐班""庆华班""金贵班""双庆部"等，各团体之间既有竞争也有合作，为川剧唱腔的形成进行了十分宝贵的实践。除去小型戏班，规模较大的行业组织也在有目的地推动川剧的改良和发展。如光绪三十一年（1905年），在川督锡良的支持下，周善培主持成立了"戏曲改良公会"。他们组织乡绅富商集资兴建"悦来茶园"用于川剧演出，川剧因此有了固定演出场所。他们还推动剧本改良，在一定程度上净化了川剧内容、提升了川剧格调。再如1912年，由有"戏圣"之称的康芷林等人发起成立"三庆会"，荟萃川剧艺术名角精英180余人，这是成都第一个由艺人自由结合、自主经营的川剧行业团体，其宗旨为"脱专压之习，集同业之力，精研艺事，改良戏曲"③。昆曲、高腔、胡琴、弹戏、灯戏等的代表班部都加入了"三庆会"，各种声腔和行当的聚集，在一定程度上打破了各派之间的隔阂，同台共演的尝试也促使

---

① 张莉红，张学君. 成都通史·清时期［M］. 成都：四川人民出版社，2011：473，480，484.

② 四川川剧艺术研究院课题组. 川剧剧种的孕育与形成［J］. 四川戏剧，2004（2）：27.

③ 张莉红，张学君. 成都通史·清时期［M］. 成都：四川人民出版社，2011：488.

五种声腔合为一炉。除了在声腔上改良创新，"三庆会"也在内容题材上进行创新，他们改编创作一些积极向上的剧目如《木兰从军》《刀笔误》《离燕哀》等，以及一些展示清末民初政治时局的剧目，如《光复图》《川路血》等。"三庆会"在培育川剧人才上也功不可没，康芷林倡导成立了"升平堂"科社，由"三庆会"的骨干精英担任教师，培育了大批优秀的川剧新人。

4.3 成都城市创新生态的历史积淀与启示

成都四千多年以来的持续繁荣，是一代又一代成都人不断开拓进取、敢为人先的结果。从都江堰的修筑，到石室讲学的兴起、《华阳国志》的编写、《花间集》的编纂，再到交子的发明与使用，成都历史上涌现出了大批的创新创造成果。回顾历史我们可以感知，成都这座城市所拥有的独特而深厚的创新文化历史积淀，是这片肥沃的创新生态土壤培育出来的累累硕果。

4.3.1 以融合包容为源泉：多元并包的移民精神

成都曾是一座移民城市，历史上经历了数次大移民。天南地北的移民陆续来到成都，在此创业、安家，各地不同的生产工艺、生活习俗、文化艺术等，汇聚在成都，为创新提供了重要的源泉和基础。历次移民浪潮过后，成都都出现了经济、社会、文化等方面的创新高峰。

在秦灭巴蜀后，出现了成都历史上的第一次大移民。一方面，巴蜀成为秦国主要的罪人流放地，另一方面，又有大批中原富商、工匠等迁入蜀地开发边疆。这批移民为蜀地带来了中原文化，尤其是从关中等地传入的冶金炼铁等先进工艺，极大地提高了蜀地铁器的质量，进而促进了成都各类手工业和商业的发展。[①] 同时，此阶段入蜀的大批政治、管理、技术等方面的人才，也在成都的经济社会发展中进行了大量的创新实践，最著名的成果就是李冰主持修建的都江堰水利工程。

成都历史上的第二次移民潮出现在汉末三国时期，既有东汉末年从南阳、三辅地区避乱入蜀的数万家"东州士"[②]，也有三国蜀汉时随刘备、诸葛亮入

---

① 罗开玉，谢辉. 成都通史·秦汉三国（蜀汉）时期 [M]. 成都：四川人民出版社，2011：243.

② 罗开玉，谢辉. 成都通史·秦汉三国（蜀汉）时期 [M]. 成都：四川人民出版社，2011：202.

蜀的大批荆楚的军人、文士、工匠等，还有大批氐羌少数民族迁徙入蜀。此次移民潮不仅促进了民族的融合，也加深了中原文化对成都社会经济各方面的浸润和影响。在大批移民的参与下，这一时期成都地区的经济已基本中原化，地方特征只占次要地位，① 铁、井盐、蜀锦、漆器、竹器等手工业生产领域都得到长足发展。

明末清初，涉及一百余万人的"湖广填四川"，应该算是成都历史上第三次移民潮，也是成都历史上规模最大的移民潮。来自湖北、湖南、广东、福建等地的大量移民，将各地的文化习俗等带入蜀地。移民中的能工巧匠给纺织、酿酒、印刷、金属加工等领域带来了先进的工艺。如雍正时期，由浙江移民将先进丝织工艺自璧山传至成都，以及康熙年间从云南陆续返回成都的工匠从事丝织生产，使明末清初受到破坏的成都蜀锦织造业得以恢复。② 大量移民不仅加速了成都经济的恢复，更促进了文化在成都的融合，比如兼具各地烹饪技艺之优长，又以麻辣鲜香著称的川菜，比如荟萃江苏昆山、江西弋阳、陕西、湖北、安徽、北京、浙江等地方戏剧特色，"五腔一炉"又别具一格的川剧，都是融合的产物。

抗战时期出现了成都历史上最近一次大规模的移民浪潮。作为抗战的大后方，齐鲁大学、光华大学、金陵大学、燕京大学等8所大学内迁至成都，成都一时间成为大后方的文化教育中心，包括高校师生在内的众多知识分子的涌入，促进了成都各类教育的大发展。同时，抗战期间内迁的还有大批工厂企业、政府机关、居民群众等，有研究统计，抗战后期成都城市人口较1937年增加了42.8%，达742188人，③ 城市的医疗、经济、农业、工商业等都有了较大的发展。

新中国成立后，北方晋、豫、鲁、陕等省的大批干部来到成都，三线建设时期，以军工为主的大批工厂企业、科研院所及几十万移民来到成都，都极大地促进了成都城市化、工业化发展，为成都高新技术产业的发展奠定了坚实的基础。

---

① 罗开玉，谢辉. 成都通史·秦汉三国（蜀汉）时期[M]. 成都：四川人民出版社，2011：44.

② 张莉红，张学君. 成都通史·清时期[M]. 成都：四川人民出版社，2011：177.

③ 何一民. 从农业时代到工业时代：中国城市发展研究[M]，成都：巴蜀书社. 2009：209.

历史上一次又一次的移民潮促使成都形成了兼容并蓄的文化传统，成都在博采众长的基础上，大胆吸收、广泛借鉴各种外来文化，创新创造，进而实现新的跨越。如宋代蜀地的造纸就在广泛学习江南地区姑苏纸工艺的基础上，又加以改进，使之发展为"假苏笺"，在罗纹等方面胜过苏笺；借鉴徽州纸、池州纸的做法，通过扬长避短，广都匠人利用当地的楮木生产出了品质更佳的"胜池纸"。多元并包的融合精神成为成都城市创新文化的重要源泉，也成了重要的城市文化基因，给外来移民提供了宽松和谐的创业环境和氛围，使得历史上无数的外地人得以在成都做出非凡卓越的创新成就，比如修建都江堰，凿二江以穿城，开启了成都平原"水旱从人，不知饥馑"的天府之国时代的李冰，据传其籍贯可能为今山西运城；开化民智、兴办官学的文翁为庐江舒县（今安徽舒城）人；蜀汉开国皇帝刘备是涿郡涿县（今河北涿州）人，鞠躬尽瘁的蜀相诸葛亮也是琅琊阳都（今山东临沂）人。

4.3.2 以执着务实为核心：不断钻研的实践精神

成都历史上的重大创新往往是在先民的不断探索中才最终得以实现。历史上的成都人总是不断钻研探索，在反复的实践中积累经验，总结教训，矢志不渝，不懈努力。

比如闻名遐迩的都江堰水利工程就并非由李冰一人于一时所建。李冰通过学习古代文献资料和民间传说，了解了先人治理水患的经验。他发现从治水英雄大禹到因治水有功而立国的开明氏，对于岷江上游的洪水，都是采用因势利导的方式，通过疏浚原有河道和开挖人工河道分引岷江洪水，从而解决水患。在汲取前人治水宝贵经验的基础上，李冰利用自然规律，依据"乘势利导，因时制宜"的理念，巧妙设计鱼嘴分导江水，利用飞沙堰溢洪排沙，通过宝瓶口总控内江进水，成功治理岷江水患。

李冰之后历代蜀地管理者始终坚守着都江堰水利工程的管理、维修和维护工作。如西汉时期专设"蜀都水"作为专职管理水利的衙门，主持都江堰一年一度的岁修工程。再如三国时期诸葛亮专设堰官，调军队1200人驻防都江堰。"深淘滩，低作堰"的治水六字诀也被历代奉为圭臬，代代相传。除了继承传统，后人在都江堰水利工程的维护方面也不断创新。为了能修筑牢固的堰堤，诸多治水人都进行了不懈的努力，如元代李秉彝以砌石结构的"硬堰"替代传统的卵石竹笼杩槎结构堤堰的创新举措，就是一次具有突破性的创新。元代的赵世廷、吉当普等也多次大修都江堰，直到民国时期四川水利局局长张沆在 1935 年采用水泥浆砌石条的现代建材和工艺加固都江堰，才真正实现了"筑之坚"。①

成都历史上许多的世界第一、中国第一，都是历代成都人持之以恒、勤奋务实，在不怕挫折、不懈拼搏的执着追求中创造出来的。也正是这种执着精神，才令成都在几千年的历史长河中能够排除万难，在历经了数次天灾、人祸之后，仍能一次又一次重整旗鼓、恢复生机。这座城市所拥有的极强的历史延续性和超凡的文化再生能力，使其不仅创造出几千年城址不迁、城名不改的城市奇迹，更是在三千多年来始终享有美誉并持续繁荣。因此，成都人坚忍不拔、踏实肯干的执着务实品质是城市创新生态的精髓。

4.3.3 以致远进取为动力：敢为人先的开创精神

成都人素有不拘泥传统、推陈出新、敢为人先的文化传统。蜀汉丞相诸葛亮在《戒子篇》中提出的"致远"，既是对子孙的训诫，也是对百姓的警示，诸葛亮希望自己儿子理想远大、敢想敢做、追求卓越，而这也成为后世成都人重要的文化特征。成都位于四川盆地西部的成都平原腹地，地理环境相对封闭，在交通上阻碍了蜀人同外界的接触和交流，却也激发了蜀人对于外部世界的好奇欲望，造就了蜀人富于想象、形象思维活跃、发散式浪漫主义强烈等思维特点。如三星堆、金沙出土的青铜立人像、青铜面具、太阳神鸟金箔等古蜀文物，拥有着迥异于中原文化风格的罕见面貌与夸张造型等，是古蜀先民非凡想象力和精湛工艺的完美结合，浪漫主义色彩强烈，这种发散式的想象经进一步拓展就成为成都人勇于超越藩篱、开创进取的文化精神。

在高远的理想和丰富的想象力之外，成都人敢为人先的开创精神还表现为对待外来文化或新鲜事物一贯的开明态度，这是一种源于悠久而富庶历史的文化自信。历来成都人都勇敢地立于历史潮头，敏感地把握时代风尚，勇于打破现实的"死水"，乐于尝试各种新生事物，善于革故鼎新。

面对腐朽清政府借铁路国有名义将商办川汉铁路收归国有，又将路权出卖给英、法、德、美四国银行，成都人振臂一呼，掀起了以成都为中心的声势浩大的保路运动，成为辛亥革命的导火线。1979 年 6 月 25 日，位于成都都江堰的四川宁江机床厂在《人民日报》上刊登直接接受国内外用户订货的广告，这

---

① 陈世松，李映发. 成都通史·元明时期 [M]. 成都：四川人民出版社，2011：195.

是新中国成立以来第一份关于生产资料的广告，率先突破了计划经济体制下"生产资料不是商品"的禁区，给企业注入了由生产型向生产经营型转轨的强劲动力。1980 年 12 月底，蜀都大厦股份有限公司印制发行了新中国第一支股票。

无数历史记忆向世界展示着成都人的敢为人先，成都人善于在改革的重要关头走在时代的前列。也正是这种敢为人先的开创精神，为成都人历史上的一系列伟大创新实践营造了优良的文化生态。可以说，致远进取的改革精神是成都城市创新生态的核心动力，这也是成都这座古老的城市始终焕发青春活力和生机、持续吸引世人瞩目的奥秘之一。

4.3.4　以系统观念为基础：互相促进的协调发展

成都人很早就善于运用系统思维的方法来认识世界和解决问题，这与唯物辩证法十分契合。成都历史上的创新成果之间通常不是相互孤立的，而是相互联系和相互促进的。

秦汉时期，李冰带领百姓修建了都江堰水利工程，治理岷江水患，这一在水利科学上的创新实践成了社会经济创新的引擎和联动各领域创新的契机。都江堰的创新首先影响到农业领域，都江堰为成都平原构建了"水旱从人"的发达的灌溉系统，使农业得到飞跃式发展。丰富的水资源、密集的河流水网以及精耕细作的农业，使成都由此首创了稻田养鱼法。江河得以治理，耕地面积迅速扩大，对于生产工具的要求也在不断提高，由此促进了铁犁等铁质农具的使用和推广。成都作为西部乃至全国的冶铁重镇，为铁器在人们生产生活中的普及提供了保障。从水利到农业、渔业再到手工业，各领域相互联动，形成了孕育创新的良性循环生态系统。

再如宋代成都金融领域出现了人类第一次使用纸币交子的创新实践，但这也不是孤立、偶发的。一直以来成都都是全国重要的造纸中心和印刷中心，其所生产的纸品类丰富、工艺精湛，不仅有广受欢迎的麻纸、笺纸，还有十分经磨耐用且适合制作纸币的楮纸。发达的印刷术也为交子的出现提供了必备的多色套印技术等。从历史的经验来看，突出的创新成就往往需要发达的产业生态作为支撑，同时，创新实践也发散式辐射到各产业领域，促进全社会的综合性发展进步。

第 5 章

成都创新生态基本状况

都江堰无坝引水工程引岷江之水，灌溉出丰饶广袤的成都平原；蜀锦织造技艺承千年"蜀蕴"，铺展出经纬交互的丝绸之路；纸币交子的创制和流通，成就了商业繁荣的世界都会。作为具有三千多年发展历史的城市，作为四川改革创新的排头兵，成都将"敢为人先"的创新创造精神贯彻到各行各业，在不断超越自身的同时，也成为国家中心城市，成为我国中西部的科技、商贸、金融中心和交通、通信枢纽，在保存着传统魅力的同时焕发着创新活力。

5.1 新中国成立以来成都创新发展的阶段特征

自古以来，成都便是西部重要的政治、经济、文化中心，在发展的过程中也逐渐成为重要的创新中心。从创新发展与管理的角度，可将新中国成立初期到现在成都市的创新发展过程分为三个阶段（见表5-1）。

表 5-1 新中国成立以来成都市创新发展的三阶段比较

	城市创新萌芽期（1949年至20世纪80年代初）	城市创新发展期（20世纪80年代中后期至21世纪初）	城市创新成熟期（2000年以来）
指导理念	"科学为国家建设服务和为人民大众服务""向科学进军""百花齐放、百家争鸣"	"科学技术就是生产力"、知识分子"已经是工人阶级的一部分"、"科教兴省"	"三大发展战略""大力发展新经济""六大新经济形态"
资源配置方式	政府主导	政府主导，发挥市场的基础性作用	政府调控，发挥市场的决定性作用
创新资源状况	科研机构增加、技术水平提升	人才资源、智力资源与财力资源大量增加	人才资源、智力资源、财力资源丰富，所需物力资源充分

续表

	城市创新萌芽期 （1949年至20世纪80年代初）	城市创新发展期 （20世纪80年代中后期至21世纪初）	城市创新成熟期 （2000年以来）
创新发起者	政府和部分重点企业	高校、科研机构、重点企业研发部门	政府、企业、高校、研究机构联合
创新模式	国家组织与推动	集成创新，引进与改进相结合	自主创新与改进
城市创新环境	缺乏创新氛围，创新观念开始兴起，创新行业以劳动密集型的电子产业为主，创新主体队伍不断增加	创新氛围与观念进一步深化，改革开放后的产业结构调整重视创新，市场驱动下不断引进创新人才与开展创新活动	创新氛围与观念蔚然成风，高新技术产业发展迅速，创意经济带动产业结构转型升级，城市创新活力不断增强
创新能力	缺乏全面性，相对薄弱	较为全面，大幅提升	全方位持续增长

资料来源：笔者根据《辉煌60年 四川经济社会发展成就系列图册 科技教育篇》[1] 相关章节整理绘制。

5.1.1 计划经济下的城市创新起步（1949年至20世纪80年代初期）

1. 紧抓城市治理，巩固新生政权

新中国成立初期，成都社会治安动荡，经济混乱萧条，党中央和上级党委根据成都发展实际情况，按照"党管干部"原则成立了成都市军事管制委员会和成都市人民政府，对成都的复杂局面进行整顿。

随着基层政权逐渐稳定，成都市人民政府将工作重点转向民主改革，成立的三大新型人民团体（工会、共青团、妇筹会）在党的领导下，成为在各专项任务中推动新民主主义建设的重要媒介。[2] 同时，成都市为城乡广大群众提供基本公共服务供给，在很多民生事业领域实现了零的突破，该时期的社会治理成效表现为低成本、高福利的均匀发展状态，具体表现在：实施"民族的、科学的、大众的"文化教育政策，在推动教育事业稳步发展的同时建立起较为完

---

[1] 中共四川省委宣传部，四川省发展和改革委员会，四川省社会科学院，等. 辉煌60年 四川经济社会发展成就系列图册 科技教育篇[M]. 成都：四川人民出版社，2009.

[2] 熊阿俊. 组织嵌入：建国初期成都的政权建构与社会整合[D]. 福州：福建师范大学，2018.

善的教育体系；在处理社会就业方面采取以政府安置为主的方式；在计划经济体制的框架下推进劳动保险、社会救济和群众卫生事业；重视疾病的预防治疗，医疗事业缓慢发展；政府针对"三无"老人等特殊群体提供兜底保障；成立街道居民委员会，着手改善社区环境、扫盲、移风易俗，开展本社区的公共福利事业。①

2. 整顿金融秩序，建立群众信心

新中国成立初期，为建立群众对纸币的信任，成都市军管会于1950年初宣布实施《西南金银管理办法》，严格取缔银元黑市交易，实行"折实存款"，保障群众积蓄不受货币币值涨落的影响，并采取系列措施，遏制物价疯涨，恢复经济秩序，给居民以信心。根据"发展生产，繁荣经济"的方针，军管会和政府在督促厂家复工复业的同时，积极解决失业工人和无业游民及苦力问题，缓解城市就业压力。②

3. 提升科研水平，加强科技创新

新中国成立之初，中国共产党为改变工业化建设和经济发展落后的状况，确立了"科学为国家建设服务和为人民大众服务"的指导思想，并发出"向科学进军"的号召。

1956年，国务院决定在成都重点发展精密仪器、电子、机械及轻工业，当时的成都是全国重点建设的三个电子工业基地之一。1958年11月，中国科学院成都分院成立，下辖16个研究所，后增加到24个，成为四川科学技术研究的主力军。1958年11月，四川省科技工作者协会成立并召开了第一次会员代表大会，全省科技人员发展到3300多人；至1959年底，全省各类科研机构发展到212个，其中大部分科研机构所在地为成都，推动了成都科技创新快速发展；整个"一五"期间，全市实现工业总产值15.44亿元，工业增加值占成都地区生产总值的38.6%。1958年，成都第二产业地区生产总值首次超过第三产业，次年超过农业，成为推动城市整体经济向前发展的最重要部

---

① 胡燕，卢晓莉."以人民为中心"的基层社会治理实践——党建引领基层社会治理的"成都样本"[EB/OL]．(2021-03-15)[2021-04-15]．http：//www.cdsk.org.cn/detail.jsp?id=24613.

② 许蓉生．建国初期成都市稳定社会的历史经验[J]．巴蜀史志，2006(4)：48—50．

分。① 20世纪60年代至70年代，中央提出了"调整一线，建设三线"的战略，将四川作为三线建设的重点地区之一，并将全国科技力量向以四川为代表的地区进行大转移，在以成都为代表的四川各地建立了一大批在当时处于国内一流水平的科技实验基地，这在保障国家安全的同时，推动了四川科技事业的发展。②

4. 占领宣传阵地，引导文化发展

在文化与宣传方面，新中国成立初期，《川西日报》是成都党政机关的重要宣传阵地，对遏制敌对势力造谣破坏、宣传党政方针政策、打造社会良好氛围发挥了积极作用。到1956年社会主义改造完成，我国实现了由新民主主义社会向社会主义社会的过渡，成都市的文化建设同全国其他城市一样具有显著的新旧社会交替时期的"除旧"特征。

1956年，"百花齐放、百家争鸣"方针正式提出，成都市也进入社会主义改造完成后大胆的文化探索阶段。在特定的社会过渡期，成都文化建设的重要举措之一就是对川剧界进行"改人、改戏、改制"的文化改造工作，其改造、新建的艺术场所成为人民群众重要的文化活动场所。此外，由四川省作家协会于1957年1月1日在成都创办的《星星》诗刊是新中国第一本专门的诗歌刊物，参与和见证了中国当代新诗的发展历程，持续推出当代优秀诗人及其重要诗歌作品，是成都市现代诗歌文化气质的最佳展示。

"文化大革命"结束后，诞生在成都的《四川文艺》作为新中国成立以来全国创刊最早的省级文学刊物之一，带动了全国地方刊物关注富有地方特色和文学价值的作品，推动了文化的创新与繁荣。一批文艺作品重新出版，文艺创作活动也得到了极大的恢复和发展，这为成都市多元文化与创新文化的发展奠定了扎实基础。

5.1.2　市场转型中的创新文化培育（20世纪80年代中后期至21世纪初）

1. 启动基层社区建设，夯实社会治理基础

为激活区县经济活力，1985年，省政府批准《成都市计划管理体制改革

---

① 廖爱民. 新中国建立初期西部中心城市的发展（1949—1957）[D]. 成都：四川大学，2005.

② 中共四川省委宣传部，四川省发展和改革委员会，四川省社会科学院，等. 辉煌60年　四川经济社会发展成就系列图册　科技教育篇[M]. 成都：四川人民出版社，2009：6—14.

试点方案》，把部分计划管理权限下放到区（市），加强了其计划管理权。同时，随着20世纪80年代中后期国家民政局提出开展社区服务设想，成都市于2001年出台了《中共成都市委、成都市人民政府关于加强城市社区建设的意见》，全面开展社区建设，市政府及各区县政府通过联合街道力量与社区力量，为基层社区的建设投入人力、财力、物力等资源，在区划调整、机构设置、组织建设、人员配备和设施完善等方面作出了努力，提升了社区软硬件水平，使得基层社区在较短的时间内得到了较大改观。

2. 创新改革经济体制，有效激发市场活力

为整顿"文化大革命"后成都市工农业生产落后的情况，以广汉市向阳公社为代表的农村地区以"包产到组、包产到户"的形式进行自下而上的改革，到1983年，全市实行以农户家庭为单位的联产承包责任制的生产队占总队数99.9%。1984年底，成都市全市实现农村人民公社管理体制变革。

成都市推进以放权让利为主线的国有企业改革，1982年，全市国有工厂都迈进了扩大企业自主权探索的行列，此后，成都市按照国家要求对全市846户企业实行利改税，冲破传统体制禁锢，激发企业和市场的积极性。同时，成都市对企业组织形式进行了创新探索，发展了股份制经济，加强了企业之间的横向经济联系。在以放开管制为核心的流通体制改革中，成都市逐步放开计划管理的商品和物资范围，推进多种所有制经济共同发展，促进了商品和物资市场的发展，使得以劳动力市场、科技市场、企业产权交易市场和资本要素市场为主的要素市场开始形成并得到发展。①

3. 恢复科研组织机构，推进科技体制改革

"文化大革命"结束后，科技领域开始了拨乱反正。在1978年3月召开的全国科学大会上，邓小平强调了"科学技术就是生产力"、知识分子"已经是工人阶级的一部分"等观点。在"文化大革命"结束后的一段时间里，由于成都市的科技体制改革仍是在计划经济体制下进行，故改革力度和深度受到计划经济体制制约。1992年，社会主义市场经济体制建立，在政府宏观管理下，科研快速发展。恢复组织机构，鼓励创新是该时期成都科技领域改革的一大特点。1978年，中国科学院成都分院恢复重建，四川省科技工作者协会恢复活动。1978年至1984年，以四川大学为代表的30多所高校与60多个工矿

---

① 阎星，等. 改革开放30年成都经济发展道路［M］. 成都：四川人民出版社，2009：144—148.

企业签订技术合同，落实研究项目 738 个、推广项目 610 个，成交合同总额达 3701 万元，有 78 个科研机构和 16 所普通高校通过技术转让、入股、联营等形式与 400 多家企业建立了 240 多个科技生产联合体。坚持政府指导，推进体制改革是该时期成都科技领域改革的另一大特点。1979 年，四川在全国率先探索扩大科研单位自主权、厂矿企业办科研、农业科技联产承包责任制等三条路，1988 年，四川省人民政府开始实施和落实国家高新技术产业的指导性计划——"火炬"计划，促进高新技术成果的商品化、产业化。1990 年，四川省在全国率先提出"科教兴省"战略，进一步发挥科学技术在"富民强省"中的作用，1995 年 2 月，四川省全面启动科技兴川"千亿工程"，大力发展科技产业，推进科技成果转化，加速科技经济一体化，推动科技对经济的直接贡献。1997 年 12 月，四川省人大常委会颁布《四川省科学技术进步条例》，明确科学技术是第一生产力，确立发展科学技术的战略地位。①

4. 创新文化体制机制运行模式，打造文旅融合发展基础

成都市对文化领域的宏观管理体制与微观运行机制的综合性全面改革从 20 世纪便初见雏形，主要表现为：初步形成建立以文化产业为主导的体制机制的设想，建立了文化产业链与市场运营机制，并对文化资源进行有机整合、统筹规划和总体布局；突破计划经济体制对文化建设与发展的约束，放开文化领域投资主体限制，提高资源配置效率；建立了"以文补文"新型运行机制，以产业收入弥补产业发展所需，该机制带有成都特色，实施效果良好，成都市文化局曾因此被文化部、财政部评为全国"以文补文"先进集体。

为创建"中国优秀旅游城市"，成都市政府要求在发展旅游商品生产、开发创新多种优质产品的同时，实现产值与创汇额逐年增长。成都市旅游局根据国家经济体制改革的指导方针，结合旅游业实际，在对全市旅游机构和企业进行调查的基础上对部分企业进行改革试点，促进了企业经营机制的调整；在加快旅游企业内部改革创新的同时，丰富文化旅游项目，加快相关景区建设，打造出了以都江堰市国家级旅游度假区、大邑西岭雪山风景名胜区为代表的一批具有高度旅游价值的旅游目的地，为后期的文旅繁荣发展奠定了坚实基础。

---

① 中共四川省委宣传部，四川省发展和改革委员会，四川省社会科学院，等. 辉煌 60 年 四川经济社会发展成就系列图册 科技教育篇 [M]. 成都：四川人民出版社，2009：15—24.

5.1.3 成熟市场中的创新文化构建（2000年以来）

1. 推进政策体系建设，创新组织监督管理

近年来，成都在西部地区率先发布了社会组织登记管理体制改革实施方案——《关于加快培育发展社会组织的实施方案》，科学规划社会组织的规模、结构和布局，引导其向专业化、精细化方向发展，后续出台系列配套政策与文件，为建设与成都发展相适应的社会组织体系，为形成政府依法管理、社会有效监督、社会组织严格自律相结合的社会组织管理与发展格局奠定了坚实基础。

在创新社会组织监督与管理机制方面，成都市大力推进登记制度改革，实行直接登记和备案管理"双轨制"；出台《成都市社会组织评估管理办法》①，有效提升对相关社会组织监督与管理能力；加强社会组织自身建设，通过鼓励其参与社会诚信体系建设，提升相关组织的自身诚信水平与内部监管建设力度。②

2. 创新基层治理机制，激发基层治理活力

随着"以经济建设为中心，以社会建设为重点"理念的发展，2003年以来，成都着力统筹城乡发展，2007年正式成为全国统筹城乡综合配套改革试验区，③开启成都市城乡基层社会治理新阶段。此阶段的特征主要有：创新基层治理机制，在农村组建了以"村民议事会"为重点的新型村级治理组织体系，在城市改革了以"两委＋公共服务站（所）"为基础的城市基层社区组织架构，推进决策权、执行权和监督权相分离相制衡的基层村（社区）治理运行机制；推进城乡公共服务均等化，发布了《成都市公共服务和社会管理村级专项资金管理办法》，并加强民主议事程序的设置，将资金使用与居民需求紧密结合，为新型基层社区治理组织和运行机制注入活力，激发居民参与的主体性。

2012年，成都市做出了建设"高品质和谐宜居生态社区"重大部署，重视社区治理的政策体系建设，在全国率先设立了针对性职能部门——市委城乡

---

① 成都市民政局关于印发《成都市社会组织评估管理办法》的通知［A/OL］. (2018-08-31)［2021-11-05］. http://eaes.com.cn/2366.html.

② 李春艳. 推进社会组织改革发展 构建现代社会治理模式——以成都为例［J］. 中共成都市委党校学报，2014 (6)：75—79.

③ 梁沙，史江. 城乡建设背景下城建档案管理现状探析［J］. 四川档案，2011 (2)：44—45.

社区发展治理委员会，加强社区治理专业化和社会化，推动建立以社区为核心、吸纳多元社会主体参与的新型社区治理方式，创立"三社联动"治理机制并设立专项资金。"三社联动治理机制"被广泛运用到社区养老、精准扶贫等领域，在培育发展社会组织和社区居民自组织能力方面发挥了积极作用。①

3. 发展新经济，培育新动能

2017 年成都市举行了第十三次党代会，会后，成都市在全国率先成立了新经济发展委员会，率先提出新经济城市发展战略与新经济发展的场景理论。② 新经济发展委员会的主要职能有：负责做好成都市新经济发展与国家、省经济发展战略、规划部署的衔接，开展新经济前沿研究，统筹推进新经济领域产业发展，培育新经济市场主体，建设企业服务体系，负责新经济平台载体的协调合作与建设管理；着力打造新经济的话语引领者、场景培育地、要素集聚地和生态创新区，打造"最适宜新经济发展的城市"，为建设全面体现新发展理念的城市注入强有力新动能。③ 截至 2020 年 7 月底，统计数据显示，成都市新经济梯度培育入库企业申报 847 家，大数据产业统计系统填报企业超过 200 家。④

4. 加强自主创新能力，建设新型创新城市

2005 年，中共四川省委、省政府作出《加强自主创新 走创新型发展道路的决定》，确立建设"创新型四川"的战略目标。2010 年，四川省进一步确立建设西部科技创新高地的战略目标，成为西部第一个国家技术创新工程试点省。⑤ 党的十八大以来，四川省确立"三大发展战略"，将创新驱动作为治蜀兴川的全局性、引领性战略。2013 年，中共四川省委、省政府出台《关于实

---

① 胡燕，卢晓莉. "以人民为中心"的基层社会治理实践——党建引领基层社会治理的"成都样本"[J/OL]. (2021-03-15) [2021-04-15]. http://www.cdsk.org.cn/detail.jsp?id=24613.

② 张宇. 创新驱动转型的成都实践——基于新经济的视角 [J]. 先锋，2019 (4): 37—40.

③ 成都市新经济发展委员会. 成都市新经济委主要职能 [EB/OL]. (2020-06-09) [2021-04-15]. http://cdxjj.chengdu.gov.cn/xjjfzw/c002001004/2020—06/09/content__1355b00e6dbf4d89a84b47fdc63281fa.shtml.

④ 成都市新经济发展委员会. 成都市新经济委办事服务最新统计数据情况 [EB/OL]. (2020-08-17) [2021-04-17]. http://cdxjj.chengdu.gov.cn/xjjfzw/c003101/2020—08/17/content__1ccae8912d7b4118a247d827ff832cdc.shtml.

⑤ 四川省统计局. 科技：创新引领 成果丰硕 [J]. 四川省情. 2018 (10): 24—25.

施创新驱动发展战略　增强四川转型发展新动力的意见》。2015年，四川被确定为全国8个全面创新改革试验区之一。①

成都先后建设了国家集成电路设计成都产业化基地、国家"863计划"成果产业化基地等8个国家级高新技术产业化基地。2000年成都高新区被批准为中国亚太经济合作组织（APEC）科技工业园区，② 2006年被科技部确定为国家首批6家"创建世界一流高科技园"试点之一，负责研发具有国内外先进水平和自主知识产权的高新技术成果。2007年，成都高新区（集中建设区）完成产业增加值239.3亿元，同比增长27.3%；完成工业总产值364亿元，同比增长41%，已成为全国最大的科技创新载体。2018年，中共成都市委、市政府出台《关于创新要素供给　培育产业生态　提升国家中心城市产业能级若干政策措施的意见》。③

现阶段，成都的创新发展与管理还在不断地进步中，全市66个产业功能区硬件载体在加紧施工，创新资源正加速聚集，④ 成都市创新环境与创新文化不断升级。

5. 深化文化体制机制改革，创新文化产业融合发展

成都市早在2004年就提出了深化文化体制改革的任务，2011年提出以"五以五并重"为指导思想的改革方向，完善文化产业空间"一片、三带、两圈层"的布局结构，筑构"一极、七区、多园"的文化产业空间发展格局，推动文化创业产业布局从"五片、一带、多点"到"四片、两区、一带、多点"的转变，助力建成"中国文化创意产业鼎力之城"。

在文化产业创新培育层面，成都市委、市政府把加快建设世界文化名城的重大项目纳入城市总体规划，实行"三城三都"重大投资项目特事特办，建立相关指数指标体系和统计体系，并按照"鼓励创新、包容审慎"原则，培育文化人才，鼓励高校设立文化类专业，逐步完善文商旅体融合新业态。

---

① 石琳娜. 四川科技体制改革发展历程与展望［J］. 巴蜀史志，2019（A1）：110—114.

② 王欢. 成都高新技术产业集群绩效研究［D］. 成都：四川农业大学，2012.

③ 中共成都市委　成都市人民政府. 关于创新要素供给　培育产业生态　提升国家中心城市产业能级若干政策措施的意见［EB/OL］.（2018-03-09）［2021-04-17］. http：//gk.chengdu.gov.cn/govInfoPub/detail.action?id=97385&tn=6.

④ 宋妍妍，曹凘源. 高品质科创空间"高"在哪［N］. 成都日报，2020-04-15(7).

5.2 从创新要素的角度看成都创新文化的特性

一座城市的创新系统由不同的要素构成,其中必不可少的创新要素是创新主体、创新环境与创新人才(见图5-1)。

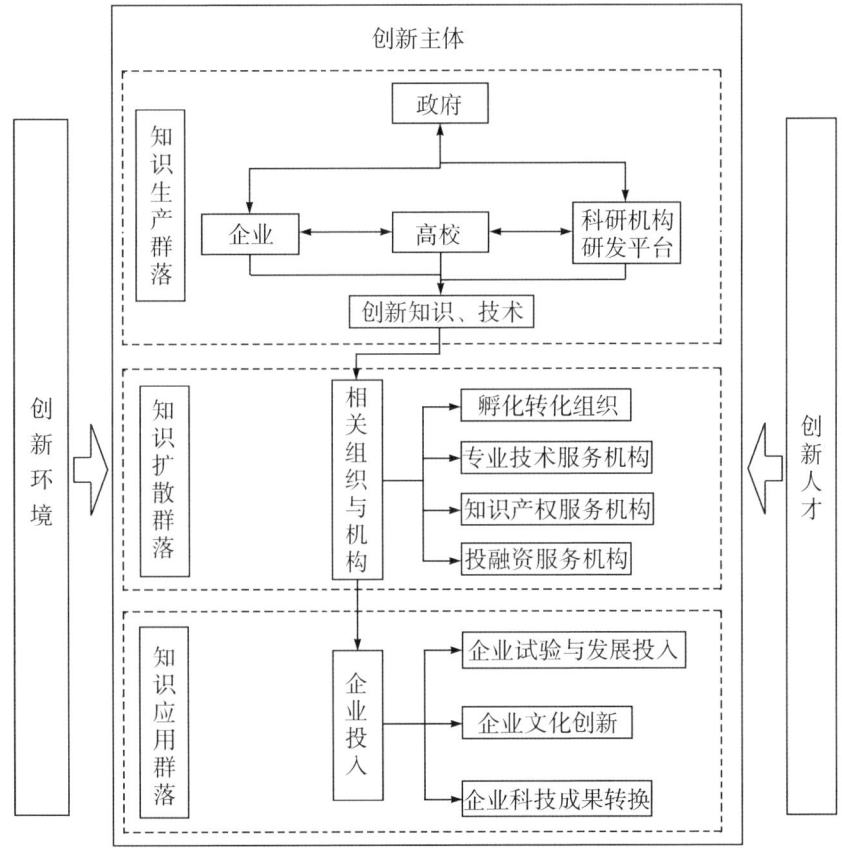

图5-1 成都市创新要素构成图

资料来源:笔者根据相关论文内容①整理绘制。

5.2.1 创新主体

根据功能差异,成都市创新主体可以分为知识生产群落、知识扩散群落、

---

① 张仁开. 上海创新生态系统演化研究——基于要素·关系·功能的三维视阈 [D]. 上海:华东师范大学,2016.

知识应用群落。

1. 知识生产群落

(1) 创新政策积极引导,加快建设创新阵地。

成都市政府作为城市创新文化发展的引导者,根据中央和四川省下发的各项有关要求与通知,在充分研究成都市建设发展状况的基础上,做出相应决策,并下发有关文件,为创新创业的高校、科研机构以及企业提供更为科学、有效的指导,有助于创新系统的良性发展。

高校是基础研究的重要基地,是原始创新的主阵地。成都高校和科研院所众多,科教资源丰富,为创新与发展提供了充足的知识要素、智力要素以及能力要素。2020年,成都市有普通高校64所,高等院校数量位居全国第6,在校学生91.3万人,研究生9.9万人,专任教师5.2万人。其中985高校2所(四川大学、电子科技大学),211高校5所(四川大学、电子科技大学、西南交通大学、西南财经大学、四川农业大学),双一流建设高校6所,双一流学科建设高校8所。

成都市科学研究与技术服务事业单位是成都创新主阵地之一,具有研究领域全面化、活动人员高学历化、成果产出高效化等特点,为成都市的科学研究、产业发展、城市建设提供了多方位的辅助。相关单位数量与学科分类情况如表5-2所示。

表5-2 成都市科学研究与技术服务事业单位、人员情况(2019年)

	单位	合计	自然科学领域	农业科学领域	医学科学领域	工程科学与技术领域	社会、人文科学领域
单位数	个	129	23	18	6	56	26
♯地市属	个	16	2	4	1	6	3
从业人员	人	23 110	4 630	2 429	3 683	10 637	1 731
♯从事科技活动人员	人	14 214	2 596	1 925	1 013	7 127	1 553
♯大学本科及以上学历	人	11 766	2 250	1 526	879	5 795	1 316

资料来源:《成都统计年鉴2020》。[①]

创新研发平台同样是推进创新建设与发展的重要力量。目前,成都共有国

---

① 成都市统计局,国家统计局成都调查队. 成都统计年鉴2020 [M]. 北京:中国统计出版社,2020:249.

家重点实验室 10 个，部级重点实验室 52 个，省级重点实验室 61 个，省部共建重点实验室 2 个；同时，成都拥有国家级工程研究中心 4 个，部省级工程研究中心 1 个，市级工程技术研究中心 54 个。

（2）加强联合创新主体，提升成果产出能力。

成都高校科研创新投入量大，教学水平提升迅速，教育质量提升显著，成为推动成都市和四川省创新与发展的中坚力量，在培养人才方面发挥了巨大作用。根据《2019 年成都市科技经费投入统计公报》，2019 年，在成都市投入的研究与试验发展的经费中，高等学校经费支出为 64.38 亿元，较 2018 年增长 16.7%，增长显著，试验发展投入保持稳步增长，投入强度持续提高，同时，以成都大学"成都通实践教学"为代表的特色课程将成都地方特色文化与建设世界文化名城的目标相结合，专注地方文化，创新课程建设。①

主体联合方面，成都市各大高校、企业、科研机构和创新平台积极联合，将自身的优势资源与平台作为合作资源，通过跨学科合作、交叉技术等方式进行合作，建立产学研联合实验室便是其合作的典型模式。成都市鼓励高新技术企业、技术先进型服务企业、创新型企业等申请与高校、科研院所共建产学研联合实验室。四川省探索形成的"职务科技成果权属混合所有制改革"经验成果获国务院第六次大督查通报表扬。②

至 2019 年底，成都市产学研改革试点扩大至 45 个高校、院所和企业，累计完成确权分割专利 551 项，带动社会投资近 100 亿元。成都现有市级产学研联合实验室 116 个，所属行业类型统计如图 5-2（有 4 个实验室具有 2 个所属行业）。其中，电子信息行业的联合实验室有 29 个，生物医药行业的实验室有 18 个，现代农业行业的实验室有 17 个。③ 同时，成都市开展"校企双进"系列活动，搭建产业功能区、企业与高校院所精准对接平台，累计开展系列活动 280 场次，组织 1400 家企业走进知名高校，邀请 170 名院士专家走进产业功能

---

① 周翔宇，唐婷，周上群．"成都通实践教学"：高校地方文化教育创新尝试[J]．四川文理学院学报，2020，30（3）：133—137．

② 四川省科技厅．四川省探索职务科技成果权属改革获得国务院第六次大督查表扬［EB/OL］．（2019-11-12）［2021-04-18］．http：//www．most．gov．cn/dfkj/sc/zxdt/201911/t20191111_149891．htm．

③ 成都市创新创业服务平台．创新资源—产学研联合实验［DB/OL］．（2021-04-10）［2021-04-19］．http：//www．cdkjfw．com/list/cxyjy．html？Id=zMLIthjxC87TjcB9ZbDyDA==．

园区，推动全市产业功能园区与 114 个国家级创新平台合作，推动成都近 500 家企业与高校达成 728 项校企合作项目。

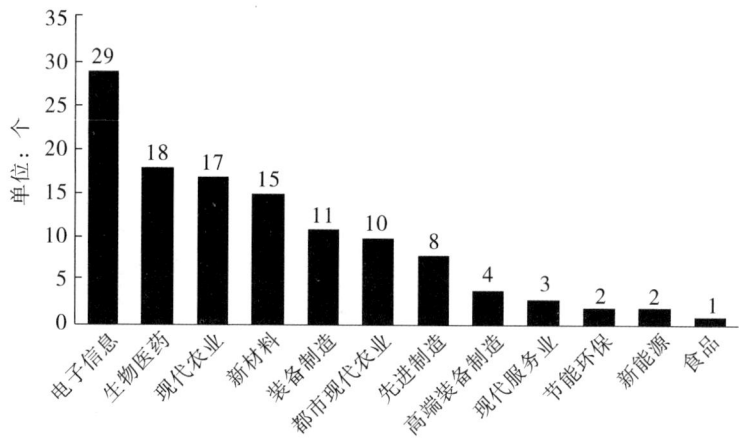

图 5-2　成都产学研联合实验室所属行业类型统计

资料来源：笔者根据成都市创新创业服务平台①相关数据整理绘制。

在成都市区县层面，以项目为纽带进行产学研协同的模式同样常见，其项目主要由区县科技管理部门设立。例如，青羊区科技局围绕区委、区政府提出的"五新青羊"产业升级新引擎目标，协同重点高新技术企业对接高校、科研院所，设立创新服务平台专项和产学研合作专项，引导企业与高校院所采取委托、技术入股等合作共建方式建设企业研发平台，进行技术开发，提升企业创新能力和产品的竞争能力。成都高新区对外发布《成都高新区关于加快科技成果转移转化的若干政策》，计划设立总规模不低于 3 亿元的产学研协同创新基金，对处于种子期、初创期、成长期的高校院所人员在成都高新区创立的科技型企业，开展股权投资，②鼓励企业发展壮大，并组织开展高新区产学研协同创新组织奖励申报工作。

2. 知识扩散群落

知识扩散群落主要指创新系统中的桥梁机构，该类机构能够将创新人才、

---

①　成都市创新创业服务平台. 创新资源—产学研联合实验［DB/OL］.（2021-04-10）［2021-04-19］. http：//www.cdkjfw.com/list/cxyjy.html？Id=zMLIthjxC87TjcB9ZbDyDA==.

②　熊筱伟. 建设国际创新创业中心 26 条政策力促科技成果转移转化［N］. 四川日报，2017-10-10（6）.

资源、平台、信息等要素通过不同的方式进行整合，并为市场中需要相关要素的个人、组织、机构提供服务，服务类型包括技术支持、孵化、投融资、知识产权咨询、政策咨询以及法律顾问等。①

（1）打造专业服务平台，聚合创新创业资源。

专业服务平台方面，为促成数据资源的开发利用，建强全市统一数据交换共享平台，提升政务数据共享与开放应用水平，成都市按照市场化机制，构建面向公共服务和商业应用的数据资源池，推进政务服务等信息资源社会化开放利用。②

"468综合性文化创意平台"是成都市重点项目，集文创研发、信息互通、创业孵化等功能于一体，通过整合资源、系统运营等方式，打造具有国际竞争力的文化创意产业要素聚集地，以加快发展新经济，培育新动能。③

成都生产力促进中心（成都创新创业服务中心）成立于1992年，是隶属于成都市科学技术局的事业单位，是国家级示范生产力促进中心、国家科技成果评价试点单位、国家技术转移示范机构、国家创新驿站四川站基层站点、具有投资功能的中小企业服务机构、四川省科技服务示范机构和四川省中小企业公共服务示范平台。2014年5月，由成都生产力促进中心负责建设与运营的"科创通"成都创新创业服务平台正式上线，平台采用"OMO"商业模式，通过互联网与电子商务相结合模式，聚集创新要素资源，面向创业团队、企业、服务机构、创新创业载体四类主体提供全方位、全流程的专业化服务，构建创新创业云孵化平台。④ 截至2019年底，"科创通"平台已汇聚28645家科技型企业，其中高新技术企业3113家，科技型中小企业5248家，双创载体289家，双创服务机构916家，双创服务产品2387款，累计为2543家科技型企业提供55.06亿元科创贷信用贷款。

---

① 张仁开. 上海创新生态系统演化研究——基于要素、关系、功能的三维视阈[D]. 上海：华东师范大学，2016.

② 新津县经济发展和科学技术局. 中共成都市委 成都市人民政府 关于创新要素供给"培育产业生态"提升国家中心城市产业能级若干政策措施的意见[A/OL]. （2018-03-09）[2021-04-19]. http：//gk. chengdu. gov. cn/govInfoPub/detail. action?id=97385&tn=6.

③ 成都绿地468文创中心正式启动[EB/OL]. （2017-12-16）[2021-04-19]. http：//sc. cnr. cn/sc/2014qy/20171216/t20171216_524064066. shtml.

④ 成都生产力促进中心. 成都深化"科创通"平台建设 助力打造双创升级版[J]. 科技与金融，2019（Z1）：29—31.

（2）搭建孵化转化平台，推动创新成果转化。

创业园区又称创业孵化基地，是政府为创业者搭建的制度性、智能化的服务平台。成都市创业园区的孵化转化服务主要是指向企业提供技术转移、成果转化和产业化等方面的服务。截至 2020 年 10 月，成都市各区（市）县创业园区（孵化基地）共有 50 个，其中国家级创业园区 3 个，省级创业园区 19 个，市级创业园区 28 个；依托高等院校开展活动、扶持大学生创新创业的创业园区共有 32 个，占比 64%。如图 5-3，成都市创业园区地区数量分布相对均匀，对于推进成都各区（县）协调发展有着积极作用。

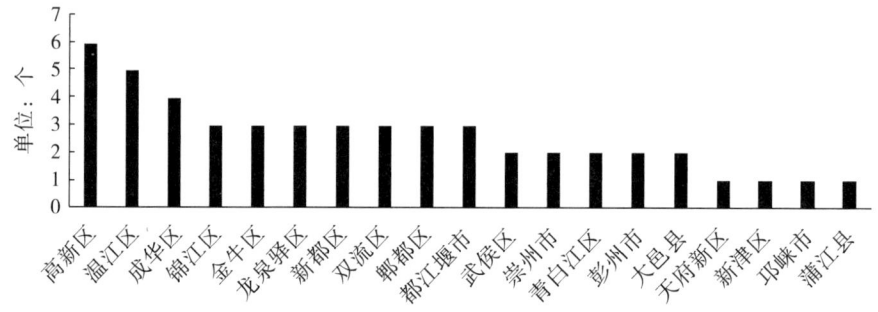

图 5-3　成都市各区（市）县创业园区（孵化基地）数量分布

资料来源：笔者根据成都创新创业服务平台相关数据①整理绘制。

（3）开展专业服务项目，辅助青年创新创业。

成都市聚焦大学生创新创业实际困难，搭建了"云享·赢创"青年大学生创新创业服务平台。从金融、载体、创业导师、合作伙伴等方面全方位服务大学生创新创业，进一步释放政策红利。定制大学生创业服务支持包，为 200 个大学生创业项目提供为期一年的财税、投融资、人力资源、知识产权、法律咨询等 9 项免费服务。② 实施"阳光苗圃计划"，联合全市 25 个青年（大学生）创业园，通过"云签约"方式，成立"阳光苗圃联盟"，搭建统一平台，为创业青年提供至少 1 年的办公场地免费入驻等配套服务，减轻大学生创业负担。实施"星导师"项目，提供专家"1V1"陪伴式服务，邀请全市各产业领域的

---

① 成都市创新创业服务平台·双创载体简单．[EB/OL]．（2021-04-01）[2021-04-19]．http：//www.cdkjfw.com/list/summary.html？t＝1．

② @蓉漂青创者：四项政策助力　成都青年大学生双创服务平台了解一下 [EB/OL]．（2020-03-09）[2021-11-04］．https：//baijiahao．baidu．com/s？id=1660670251500403974&wfr=spider&for=pc．

100位青创导师,通过线上"坐诊""开讲"等方式,为有需求的大学生创业项目提供全生命周期的青创导师"一对一陪伴式"服务。此外,"建立规模1亿元的天使投资基金,对早期优质大学生创业项目进行500万以内天使轮直投"[1],更有"赢创合伙人"项目,为青创项目和合伙人牵线搭桥。

(4) 完善金融投资服务,降低创新资金风险。

在投融资机构服务方面,成都市相关机构为企业的技术创新、产品开发等提供大量资金,推进科技与金融的结合,满足企业发展所需。成都市融资服务机构主要包括风险投资机构、担保机构、科技银行、贷款机构、创业基金等,以上机构能为科技企业的发展及科技创新、产品改进提供多渠道、全方位、全过程服务,对于企业发展、大学生创新创业以及创新系统的建设都有着重要作用。

截至2019年年底,成都市辖境内共有银行金融机构66家(不包括外资银行代表处),其中中资全国性大型银行7家、中小型银行24家、中资区域性中小银行20家(包括13家村镇银行)、外资银行分行15家,另有外资银行代表处1处。成都市有证券公司4家、期货公司3家、证券公司分公司55家、基金公司分公司14家(公募基金)、证券公司营业部22个、期货公司营业部48个、证券投资咨询公司3家(法人公司),有融资担保公司74家,小额贷款公司88家。

(5) 强化知识产权体系,保护知识创新成果。

在知识产权服务方面,成都市知识产权中介则帮助个人、组织和企业了解科技创新和发展、创新市场的最新相关信息,以及相关市场的政策、发展动向等,知识产权服务机构主要包括各类专利检索机构、行业咨询机构、科技情报机构等。

截至2019年年底,成都市知识产权审批登记数量与质量进一步提升。全市有专利代理服务机构122家;全市各类市场主体新申请注册商标17.55万件;著作权登记量质双升,全年著作权登记总量121 303件,同比增长20.09%。其中,计算机软件著作权登记44 525件,同比增长29.7%;成都高新区落户了全国第一个国家知识产权新经济示范园区,全市新增6个国家知识

---

[1] 吴浩. 共青团成都市委:出台大学生创业四项支持政策[EB/OL]. (2020-03-09) [2021-11-04]. https://baijiahao.baidu.com/s?id=1660674917838960683&wfr=spider&for=pc.

产权强县，新增1个国家级知识产权试点园区。① 根据《成都市"十三五"知识产权保护和运用规划》，到2020年，成都市资源聚集、模式多样、链条完备、业态高端的知识产权服务体系基本建成，全市知识产权服务机构200家以上，知识产权服务从业人员10 000人以上，其中执业专利代理人1000人以上；国家知识产权领军人才20人以上，国家知识产权师资人才60人以上。在知识产权交易公共服务平台方面，成都知识产权交易中心于2018年7月经四川省人民政府批准筹建，2019年2月经地方金融监管部门批准正式开业，是四川省唯一的知识产权类交易场所，与各类知识产权服务机构建立了合作关系，其中，交易项目推荐机构39家，金融服务机构16家，评估评价服务机构10家。

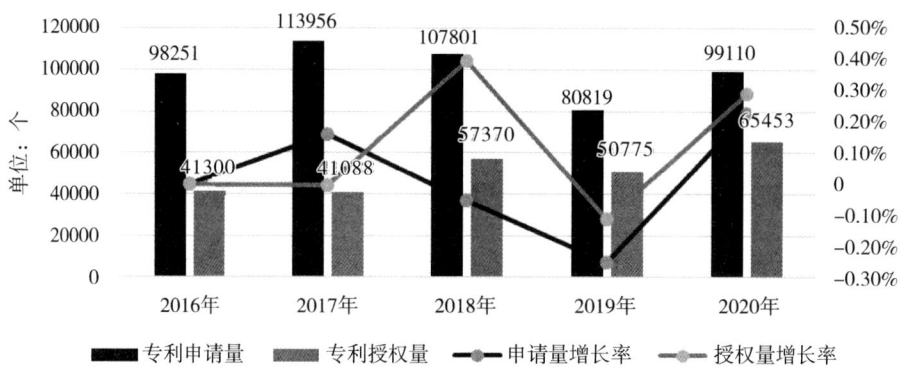

图 5-4　成都市专利申请量、授权量及增长率表

资料来源：笔者根据历年《成都市统计年鉴》（2016—2020年）数据整理绘制。

3. 知识应用群落

成都市各大企业作为创新知识最大的应用群落，不仅与各大高校、科研机构和创新平台进行合作，搭建产学研平台，还不断进行自主研发与创新，在打造企业创新文化的同时将科技成果转化运用到产品中，从而加快自身转型升级，推动产业生态的创新与升级。

（1）增加科研经费投入，提高自主创新能力。

成都市企业以科技创新为抓手，提高产品创新能力，增强产品研发效率，推动产业生态发展。根据《2019年成都市科技经费投入统计公报》，各类企业研发经费支出254.24亿元，比上年增长19.5%。从产业发展角度来

---

① 刘浏. 开启成都知识产权事业新篇章［N］. 成都日报，2020-04-24（10）.

看，规模以上工业企业研发经费支出153.04亿元，比上年增长13.7%；规模以上非工业企业研发经费支出101.20亿元，增长29.6%。在规模以上工业企业所在行业中，研发费投入超过5亿元的行业大类有10个，如采矿业、制造业、医药制造业等。

同时，成都拥有国家级的企业技术中心18家，省级企业技术中心144家，市级企业技术中心185家。企业技术中心的成立加速了技术开发成果向生产力转化的过程——通过技术中心的人员整合，使产品开发的全流程都有相关技术人员参与，有利于改进产品工艺、促进产品升级、提升产品质量。与此同时，加强和改进专业技术人员队伍管理亦有利于激发技术人员的工作积极性。

（2）营造企业特色文化，凝聚持续发展动力。

成都三大产业发展的良好发展态势离不开各大企业的添砖加瓦，在此过程中，企业重视创新发展，注重打造企业文化，优秀的企业文化能有效凝聚员工信念，增强员工活力，提高工作效率。在营造特色文化方面，新希望集团与成都轨道交通集团对企业文化的营造具有典型性。

新希望集团有限公司始创于1982年，是以现代农业与食品产业为主导，布局银行、金融科技、基金等多种金融业态，持续关注、投资、运营具有创新能力和成长性的新兴行业的综合性民营企业集团。[①] 新希望集团企业文化以独特的金字塔形式建设：一个使命：希望，让生活更美好；两个愿景：智慧城乡的耕耘者、美好生活的创造者；"三像"基因：像军队、像学校、像家庭；"四维"价值观：基本准则、组织精神、发展理念、对外态度；"五新"理念：新机制、新青年、新科技、新赛道、新责任。[②] 这种企业文化传达出新希望集团有限公司与时俱进、开拓创新的精神，有助于企业实现跨越发展。

成都轨道交通集团有限公司成立于2004年，是成都市从事轨道交通投融资、建设、运营管理、物业开发和产业经营的大型国有企业，目前已开通13条线路（含有轨电车1条），运营558千米（有轨电车39千米），在建约176千米。[③] 集团在工程建设不断加码、运营服务提档升级、多元经营产业格局优化的基础上打造了具有全面性、创新性、独特性的文化理念（见表5-4）。成都

[①] 李艳艳. 刘永好 刘畅 再造新希望［J］. 中国企业家，2012（5）：6—21.

[②] 新希望集团. 新希望·新十年·新十条［EB/OL］.［2021-04-20］. http：//www.newhopegroup.com/qywh/index.html.

[③] 成都轨道交通集团. 成都轨道集团有限公司集团概况［EB/OL］.［2021-11-05］. https：//www.chengdurail.com/overview.html.

轨道交通集团有限公司在以总体战略为目标、坚持企业核心价值观的基础上，将包括企业使命、企业愿景在内的企业文化理念系统化，推动企业快速发展，提供上万个就业岗位，吸纳培养优秀人才，完善成都交通基础设施体系建设。

表 5-4 成都轨道交通集团企业文化表

文化理念		
总体战略 打造一流交通综合运营商 奋力实现"三个跨越"	企业使命 让出行更便捷 让成都更繁荣	企业愿景 城市发展主动脉 轨道交通新典范
核心价值观 乘客优先　安全第一 质量至上　确保工期　节约成本	运营理念 秉持真心　服务大众 以客为尊　用心服务	管理理念 团结协作　人文关怀
品牌口号 成都地铁　生活一脉	从业理念 忠于职守　精于业务 严于律己	人才理念 人为本　德为先　学为要

资料来源：成都轨道交通集团官方网站。①

5.2.2 创新环境

成都是"一带一路"的重要节点城市，也是成渝地区双城经济圈的核心发展城市，在2017年的《政府工作报告》中，成都市明确提出"大力发展新经济"，将发展重点集中在数字经济、智能经济、绿色经济、创意经济、流量经济以及共享经济上，强调了良好创新文化环境对新经济和社会发展具有推动作用。近年来，成都市在打造良好的政策环境与资金环境方面，均有所努力与尝试。

1. 完善政策体系，落实政策保障

成都市从就业创业、科技创新、企业融资以及人才政策等多方面入手，制定或转发了一系列促进创新创业的政策（见表5-5），这些有助于提高各个领域创新活动的数量、质量与效用，从而推动创新系统的良性发展。全面且有针对性的创新政策体系体现了成都市政府积极创新的良好形象，对引导社会培育起良好的创新文化氛围并使创新成为一种社会价值观有着积极作用。

---

① 成都轨道交通集团. 成都轨道交通集团有限公司企业文化［EB/OL］.［2021-04-20］. https://www.chengdurail.com/ronghe.html.

表 5-5 成都市创新创业相关政策（不完全统计）

	1. 就业创业类政策
1.1	《关于推动建立以创业带动就业的创业型城市的通知》（人社部发〔2008〕87号）
1.2	《成都市促进普通高等学校毕业生就业创业的若干政策》（成委发〔2009〕26号）
1.3	《关于印发〈成都市促进高校毕业生就业创业若干政策实施细则〉的通知》（成人社发〔2013〕181号）
1.4	《关于继续实施支持和促进重点群体创业就业有关税收政策的通知》（财税〔2014〕39号）
1.5	《关于印发〈成都市2014年大学生就业促进行动计划〉的通知》（成人社发〔2014〕21号）
1.6	《成都市人民政府办公厅关于进一步促进高校毕业生就业创业工作的实施意见》（成办发〔2014〕26号）
1.7	《成都市人民政府办公厅关于加快推进创新创业载体建设若干政策措施的意见》（成办发〔2015〕43号）
1.8	《成都市人民政府关于印发成都"创业天府"行动计划（2015—2025年）的通知》（成府发〔2015〕11号）
1.9	《成都"创业天府"行动计划2.0版》（成办发〔2016〕15号）
1.10	《成都市人民政府关于做好新时期就业创业工作的实施意见》（成府发〔2017〕26号）
1.11	《市人社局 市财政局 人行成都分行营管部 关于进一步规范创业担保贷款政策 支持创业就业的通知》（成人社函〔2019〕13号）
1.12	《成都市人民政府办公厅关于进一步促进返乡下乡创业的实施意见》（成办发〔2019〕7号）
1.13	《关于印发职业技能提升行动相关实施细则的通知》（成人社办发〔2020〕21号）
1.14	《成都市人民政府办公厅关于印发成都市促进创业投资发展若干政策措施的通知》（成办发〔2020〕44号）
	2. 科技创新类
2.1	《关于印发〈成都高科技行动计划纲要（2003—2010）〉的通知》（成委办〔2003〕5号）
2.2	《关于增强自主创新能力深入推进高科技成都建设的决定》（成委发〔2006〕27号）

续表

2.3	《成都市人民政府办公厅关于加快推进成都技术市场建设的若干意见》（成办发〔2008〕56号）
2.4	《成都市人民政府办公厅转发市科技局关于〈成都市重大产业技术平台开放共享暂行办法〉》（成办发〔2010〕19号）
2.5	《关于加快科技创新促进经济发展方式转变的意见》（成委发〔2011〕19号）
2.6	《成都市人民政府办公厅关于印发成都市重大科技成果转化工程实施方案（2012—2015年）的通知》（成办发〔2012〕17号）
2.7	《中共成都市委关于系统推进全面创新改革加快建设具有国际影响力的区域创新创业中心的决定》（成委发〔2015〕12号）
2.8	《促进国内外高校院所科技成果在蓉转化若干政策》（成委办〔2016〕12号）
2.9	《成都市人民政府关于印发成都市促进加工贸易创新发展实施方案的通知》（成府发〔2017〕24号）
2.10	《成都市人民政府办公厅关于印发成都市创新管理优化服务培育壮大经济发展新动能 加快新旧动能接续转换工作实施方案的通知》（成办发〔2018〕6号）
2.11	《成都市人民政府关于印发成都市深入实施创新驱动发展战略打造"双创"升级版若干政策措施的通知》（成府发〔2018〕11号）
2.12	《成都市人民政府办公厅关于大力发展高新技术服务业支撑产业功能区及园区建设 增强西部科技中心功能的实施意见》（成办发〔2018〕15号）
2.13	《成都市人民政府关于同意建设西部科技中心行动计划（2017—2022年）的批复》（成府函〔2018〕27号）
2.14	《成都市人民政府 中国人民银行成都分行关于印发成都市金融科技发展规划（2020—2022年）的通知》（成府发〔2020〕15号）
2.15	《成都市人民政府办公厅关于印发成都建设国家新一代人工智能创新发展实验区实施方案的通知》（成办发〔2020〕97号）
3. 人才政策类	
3.1	《成都市人民政府办公厅关于印发成都市人才建设第十一个五年规划的通知》（成办发〔2006〕102号）
3.2	《成都市人民政府办公厅关于印发〈成都市鼓励企业引进急需高层次人才暂行办法〉的通知》（成办发〔2007〕21号）
3.3	《成都市人民政府办公厅转发市人社局等部门关于加强企业技能人才队伍建设实施意见的通知》（成办函〔2014〕39号）

续表

3.4	《成都市人民政府办公厅关于印发成都市引进培育大数据人才实施办法的通知》(成办函〔2019〕59号)
3.5	《成都市人民政府办公厅关于印发成都市深化科研项目评审、科技人才评价、科研机构评估改革方案的通知》(成办发〔2021〕4号)
3.6	《成都市科技局关于印发〈成都市科技人才创新创业资助管理办法〉的通知》(成科字〔2020〕25号))
4. 企业融资类	
4.1	《成都市人民政府关于印发〈成都市市属国有企业投融资管理暂行办法〉的通知》(成府发〔2009〕6号)
4.2	《成都市人民政府办公厅关于印发〈成都市融资性担保公司监督管理暂行办法〉的通知》(成办发〔2011〕69号)
4.3	《成都市人民政府关于深化投融资体制改革的实施意见》(成府发〔2015〕1号)
4.4	《成都市人民政府办公厅转发省政府办公厅关于实施鼓励直接融资财政政策通知的通知》(成办函〔2015〕168号)
4.5	《成都市人民政府办公厅关于印发加快完善成都市产业功能区投融资服务体系若干政策措施的通知》(成办函〔2019〕63号)

资料来源：笔者根据成都市人民政府相关信息整理绘制。

2. 加大科研经费投入，降低创新创业风险

在创新资金方面，科技创新资金主要包括研究与试验发展经费和地方财政科技拨款。2019年，全国共支出研究与试验发展经费22 143.6亿元，四川省共支出研究与试验发展经费871.0亿元。同年，成都市共支出研究与试验发展经费452.54亿元，较上年增加60.23亿元，涨幅为15.4%；研究与试验发展经费投入强度（研究与试验发展经费与地区生产总值之比）为2.66%，比2018年提高0.16个百分点。按研究与试验发展人员全时工作量计算的人均经费为49.60万元，比上年增加5.43万元。成都市级财政全年投入45.84亿元支持创新培育新动能，发挥财政科技资金杠杆作用，通过"科创投"联合组建天使投资基金14支，总规模达16.06亿元，引导投资创新型企业103个。通过"科创贷"为企业增信，助力轻资产科技企业利用股权、知识产权获得信用贷款，资金池规模增至53.72亿元。通过"科创保"引导带动25家保险机构开发适合科技型企业的科技与专利保险险种248个。此外，"科创贴"帮助2442家企业融资超过57亿元。资金的大量投入为科技成果的形成与转化提供了支持，为成都市的创新系统提供了必要的物质基础。

5.2.3 创新人才

创新人才是创新创业活动的重要参与者，也是提升创新能力和科技实力的核心因素，包括企业家人才、管理人才、高技能人才等。

成都致力于构建全市重点产业生态圈精准化、差异化人才项目体系，制定出台《关于实施东部新城高素质人才集聚工程的行动计划》等政策文件，打造2200平方米"成都人才综合服务中心"，172家人力资源服务机构实现营业收入超40亿；实施人才新政以来，累计吸引新落户本科及以上学历青年人才超过33万人，入选各级重大人才工程1297人、顶尖团队56个，获评"2019年全国最佳引才城市奖"。[①] 2019年，成都市全年引进急需紧缺专业技术人才2836人。截至2019年底，在全市各类高精尖人才中，有中国科学院院士11人、中国工程院院士20人、享受国务院特殊津贴专家445人、四川省学术和技术带头人65人、四川省有突出贡献的优秀专家158人、成都市有突出贡献的优秀专家203人、享受成都市政府特殊津贴579人、"蓉漂计划"专家799人；全市有博士后科研工作站21个，四川省博士后创新实践基地70个。[②] 2015—2019年，成都市技术人才和技能人才总量呈总体增加趋势（表5-6），这为成都的科技创新、产业发展、技术升级提供了充分的人才资源，能有效增强成都市创新能力。

表 5-6 成都市相关从业人员情况统计（2015—2019 年）

	专业技术人才总量（单位：万人）	专业技能人才总量（单位：万人）
2015 年	185.56	154.03
2016 年	205.32	168.3
2017 年	213.32	185.88
2018 年	183.8	201.71
2019 年	196.31	218.2

资料来源：笔者根据2015—2019年底《成都市人力资源和社会保障事业发展统计公报》整理。

---

① 成都年鉴社. 成都年鉴 [J]. 2020（34）：12.
② 成都市2019年度人力资源和社会保障事业发展统计公报 [R/OL]. (2020-07-10) [2021-04-19]. http://gk.chengdu.gov.cn/govInfo/detail.action?id=2681189&tn=2.

在引进外籍人才方面，成都市深化"高精尖缺"人才招引工作，成功举办 2019 年成都外籍人才招聘会，创新外国人来华工作许可"一窗式"办理服务，实现外国人来华工作行政审批事项无纸化办理，全年共接受业务咨询 12 200 人次，为 1400 家用人单位聘请的外籍人士办理各类业务 6750 件，办理外国人来华工作的行政审批事项 43 000 项。①

在人才培养相关政策的推动下，成都市人才培训基地的数量持续增长，截至 2019 年底，成都市共有国家级高级人才培训基地 10 个，国家级技能大师工作室 7 个；省级高技能人才培训基地 19 个，省级技能大师工作室 22 个；市级高技能人才培训基地 39 个，市级技能大师工作室 112 个。2019 年，成都市组织开展各类职业技能大赛 9 项，涉及职业（工种）86 个，参赛选手 1.8 万人次，通过竞赛晋升国家职业等级的有 1127 人次；在组织参加的省级以上职业技能竞赛中，获得各类荣誉的有 182 人次，其中国家级荣誉 7 人次，省级荣誉 175 人次。②

5.3 从城市创新网络演化拓展的角度看成都创新文化的特性

本土化和全球化是当今世界各地区、各国家创新文化、创新发展的重要表现，在本土创新文化不断得到强化的同时，其影响力也在不断增强，从而可在更大区域范围内进行创新互动。

5.3.1 院士专家提供智力支撑，联盟协同推动产业创新

成都市除了大学、科研院所和企业组建的各类实体机构之外，近年来还设立了院士（专家）创新工作站，旨在以企业创新需求为导向，以企业研发机构为依托，以产学研合作作为纽带，引导省内外院士（专家）及其创新团队向企业聚集、为企业服务。截至 2019 年底，全市 179 个院士（专家）工作站先后引进 71 位院士和 670 位专家。此外，成都发挥海外人才离岸创新创业基地作用，探索建立"双向离岸"模式，推进海外离岸创新资源汇聚；举办金熊猫全

---

① 成都年鉴社. 成都年鉴[J]. 2020（34）：406.
② 成都市人力资源和社会保障局. 成都市 2019 的年度人力资源和社会保障事业发展统计公报[R/OL]. （2020-07-10）[2021-04-19]. http://gk.chengdu.gov.cn/govInfo/detail.action? id=2681189&tn=2.

球创新创业大赛,构建"1+N"离岸项目对接模式,促进创新资源跨境流动。①

成都市在农业、生物医学、高新科技等领域依托龙头企业和科研院所,组建成具有行业特点的多个创新联盟。如成都服务全川农业科技创新联盟、成都农业创新创业联盟、成都市医疗装备产业创新联盟等。成都农业创新创业联盟由成都市农业委员会发起,由成都农业科技职业学院、四川农业大学等6家高校科研院所共同组建,旨在深入实施"创业天府"行动计划,加速创建具有国际影响力的区域创新创业中心。

5.3.2 城市合作促进资源共享,区域协同打造创新平台

在2013年中国科技城科技博览会期间,成都经济区8城市(成都、德阳、绵阳、眉山、乐山、资阳、遂宁、雅安)联合举办"成都经济区项目推介会"并签订《成都经济区区域协同创新框架协议》,提出通过建设区域创新体系、科技服务资源共享平台、知识产权区域协作机制等,提升协同创新能力,促进成都经济区合作发展。2019年,成都市与雅安市签署《深化区域合作推进一体化发展合作协议》,并与德阳市、乐山市、雅安市、广安市签署区域协同创新合作协议。在人才发展方面,四川省出台《加快推进成都平原经济区人才一体化发展十条措施》,探索区域协同发展新路径,打造成德绵创新驱动发展人才示范区,力争将成都平原经济区打造成为区域协同创新发展共同体。成都市搭建区域科技交流合作平台,邀请德阳、绵阳、遂宁、内江、乐山、资阳、雅安、眉山、泸州等市科技主管部门和150家企业参加"校企双进"活动,与成都市高校院所700项科技成果进行对接,借助"科创通"平台推进创新资源拓展,分别在广汉、攀枝花、遂宁3市完成"科创通"分平台试点搭建,实现近400家科技创新服务机构、1600个服务产品之间的科技创新服务信息共享互通。

从创新文化在成渝两地区域扩张的角度看,2020年起,国家作出"推动成渝地区双城经济圈建设"重大战略部署,出台《成渝地区双城经济圈建设规划纲要》促进成渝两地协同发展,推动成渝两地联手加快区域协同创新体系建

---

① 成都年鉴社. 成都年鉴[J]. 2020(34):83.

设。① 两地具体行动主要如下：一是建设区域协同创新共同体。2020年4月，重庆高新区、成都高新区在共同推进成渝地区双城经济圈建设第二次联席会议上签署《重庆高新区、成都高新区"双区联动"共建具有全国影响力的科技创新中心战略合作协议》，全面支撑和引领建设具有全国影响力的科技创新中心。② 二是关键核心技术联合攻关。成渝两地通过制定实施合作发展计划，聚力新一代信息技术、航空航天等重点领域，超前规划布局基础研究、应用基础研究和技术创新，着力提升产业基础能力和产业链现代化水平。为加快构建成渝地区关键核心技术攻关新型体制，2020年8月，四川省科技厅与重庆市科技局协商启动2020年度川渝联合实施重点研发项目申报工作，这是两地在技术攻关上的首批联合项目。③ 三是共同推进科技成果转化和产业化。成渝两地通过开展职务科技成果使用权或长期使用权改革试点等措施，促进科技成果转化和产业化；通过合作共建多元化、跨区域的科技创新投融资体系，提升金融赋能科技创新发展水平。2020年10月，成渝地区区块链应用创新联盟正式成立，联盟由四川省区块链行业协会和重庆市区块链应用创新产业联盟牵头组织，经四川省经济和信息化厅批准，由成都和重庆相关组织机构共同建立。其面向整个成渝地区，找到不同的应用场景，联合各个行业内可以进行场景应用的企业、协会等，将区块链生态串联起来，扩大成渝地区区块链应用范围，进而影响整个川渝地区的区块链产业。

从创新文化的国际合作角度看，融入全球化的潮流中，推动科技对外开放是推进创新系统演化与升级的重要手段。成都市主动参与国际科技合作交流，通过多种模式与途径，在参与国际项目的过程中学习创新技术，并完善自身的创新系统，将自身的创新生态网络嵌入全球创新生态网络。

---

① 张亦筑. 打造具有全国影响力的科技中心 川渝联手加快区域协同创新体系建设［EB/OL］.（2020-03-22）［2021-04-20］. http：//cq. people. com. cn/n2/2020/0322/c367697—33894716. html.

② 成渝两地高新区共建具有全国影响力的科技创新中心［EB/OL］.（2020-04-29）［2021-11-05］. https：//www. chinanews. com. cn/cj/2020/04—29/9171823. shtml.

③ 徐莉莎. 川渝两地将推出首批联合实施重点研发项目［EB/OL］.（2020-08-17）［2021-11-05］. http：//www. sc. gov. cn/10462/10464/10797/2020/8/17/d12932f7fb4e4b01831aac5c5f03a935. shtml.

5.3.3 搭建联合创新机构,提升教育国际水平

与世界一流的研究型大学、跨国公司以及国际知名研究机构共同合作建立各类机构是成都市加强自身创新体系建设的重要方式,也是融入世界创新系统的重要渠道。按照属性分类,联合创新机构主要分为两类:一是联合研究中心(实验室),二是合作办学的平台或机构。

联合研究中心(实验室)指国内大学、科研机构与知名跨国公司合作设立的研发创新平台,主要依托高等院校的设施设备、专业技术与人才储备,由跨国公司提出选题并提供资金。在合作平台建设上,成都市推进自贸试验区、国别合作园区等重大平台建设,高标准规划建设国别合作创新平台,中国(四川)—东盟自由贸易合作中心、中国—欧洲中心挂牌运营。据不完全统计,成都多所高等院校均与国外知名跨国公司共同设立了联合实验室(见表5-7)。

表5-7 成都市高校与跨国公司设立的联合实验室(部分)

序号	名称	序号	名称
1	电子科技大学—罗克韦尔自动化联合实验室	9	四川大学—Stratasys有限公司增材制造联合创新实验室
2	电子科技大学—IntelPCA技术联合实验室	10	四川大学华西医院—赛默飞世尔科技现代临床病理联合实验室
3	电子科技大学—美国国家半导体公司UESTC—NS联合实验室	11	四川大学—牛津大学华西消化道肿瘤联合研究中心
4	电子科技大学—Altera EDA/SOPC联合实验室及培训中心	12	四川大学—安捷伦科技公司通信技术联合实验室
5	四川大学中德能源联合研究中心	13	四川大学—罗马尼亚国家纺织和皮革研究院皮革和制鞋研究所制革清洁技术"一带一路"联合实验室
6	西南交通大学—戴尔人工智能及虚拟现实联合实验室	14	西南交通大学—舍弗勒联合实验室
7	西南交通大学—富士通MGU联合实验室	15	西南交通大学—贝加莱工业自动化联合实验室
8	西南交通大学—京三制作所列控技术联合实验室	16	西南交通大学—ReliaSoft瑞兰可靠性工程联合实验室

资料来源:笔者根据各大高校网站相关资料整理。

中外合作办学机构主要包括依法批准设立和举办的实施本科以上高等学历教育的中外合作办学机构(含境外机构和项目)。成都市在不断提升高等教育

可持续性与高质量的同时，通过多样化的合作形式积极加强与国外优秀高等学校的合作交流。目前成都市共有 3 所高校设立了中外合作办学的二级学院，分别是四川大学匹兹堡学院、西南交通大学利兹学院、电子科技大学格拉斯哥学院。此外，成都市各大高校还积极与国外高校通过学科专业项目合作的方式提升教学质量、创新课堂教学方式。根据教育部政府门户网站相关资料，截至 2020 年，成都市各大高校共有中外合作办学项目 17 项，其中，艺术（产品）设计、会计学、电气工程及其自动化分别有两项，草业科学、工商管理、电子信息工程等专业分别有 1 项。

5.3.4　加强国际项目合作，提升城市创新水平

成都市于 2013 年出台《成都市国际科技合作资助管理办法》，投入资金支持建设国际性研发机构、组织实施国际科技合作项目等。2015 年至今，受资助的相关科技合作项目呈增加趋势，对于强化成都特的国际交流、学习、发展有着重要作用。

5.3.5　优化国际营商环境，拓展企业发展空间

成都市为不断提高对外互联互通水平、拓展企业"走出去"的渠道、加强"走出去"服务保障，出台实施了国际化营商环境 3.0 版本政策，并连续三年（2018－2020 年）获评"中国国际化营商环境建设标杆城市"。成都自由贸易试验区建设提速，国际商事仲裁制度、市场准入制度、贸易监管制度以及金融开放创新制度得以完善，自由贸易试验区经验在全市范围内复制并推广，促进了相关创新要素的自由流动和全球化配置。2020 年，成都外贸进出口总额逆势增长 22.4％，升至全国副省级城市第四位。[①] 此外，成都首创"成都国际友城高校联盟"，引进亚洲体育舞蹈联合会总部，实现国际组织总部落户零突破。同时，成都市建立重大项目审批全程无偿代办服务制度，政务服务审批事项实现 100％网上可办，提高了中小企业获得感。[②]

---

① 突破 7000 亿元　2020 年成都外贸进出口增长 22.4％［EB/OL］.（2021-01-21）［2021-11-05］. http：//www. sc. gov. cn/10462/c102931/2021/1/21/18bcc54b351a4503871f31b4f2731db1. shtml.

② 成都市统计局，国家统计局成都调查队. 2020 年成都市国民经济和社会发展统计公报［EB/OL］.（2021-03-27）［2021-04-21］. http：//www. cdstats. chengdu. gov. cn/htm/detail__384025. html.

5.4　成都城市创新功能的演化

5.4.1　科技成果转化：从知识生产到知识应用

科技成果转化是知识生产与应用的关键纽带，其实质是创新知识的转移、扩散和应用，是推动科技创新与经济转型升级的重要途径。提高知识生产群落、知识应用群落的科技成果生产与转化积极性，是促进创新功能演化的重要动力。

2019年，成都市制定《成都市技术转移体系建设实施方案》，出台《成都市关于鼓励知识产权成果进场交易的若干措施》《成都市深化职务科技成果权属改革促进科技成果在蓉转化实施方案》，加快推进成德绵国家科技成果转移转化示范区建设，打通科技与经济结合通道，推进科技成果转移转化体制机制改革，建立有利于技术转移、机构发展的长效机制。至2019年年底，成都全市已完成400项职务科技成果分割确权。此外，成都通过完善"成都市创新创业服务平台"，促进科技成果转化，推动科技创新与经济发展的有机结合。

表 5-8　成都市科技成果转化引导计划

业务类型	子项
科技金融资助	天使投资补助
	债权融资补助（信用评级）
	债权融资补助（知识产权质押融资评估费）
	债权融资补助（贷款担保费）
	债权融资补助（科技型企业贷款利息）
	债权融资补助（青年大学生贷款利息）
	全国中小企业股份转让系统挂牌补贴
	科技与专利保险补贴
	创业投资管理企业投资奖励

续表

业务类型	子项
创新创业载体资助	新建科技创业苗圃
	新建科技企业孵化器
	新建科技企业加速器
	新建双创载体聚集区
	国家级创新创业载体资助
	已建创新创业载体补贴（科技创业苗圃、科技企业孵化器、科技企业加速器）
	转（改）建创新创业载体补贴
	新引进创新创业载体补贴
	异地孵化器补贴

资料来源：根据成都市创新创业服务平台网站中"政府项目申报"一栏总结整理而来。①

根据《2019四川省科技成果转化年度报告》，2019年，四川全省共产出科技成果25 618项，较2018年增长14.98%，成都平原经济区科技成果数量占全省科技成果总量的84.75%，全省转化科技成果3738项，同比增长78.5%，转化总收益68.64亿元，同比增长146%；全省转化金额1000万元以上的科技成果192项，转化金额500万元至1000万元的科技成果98项。②

5.4.2 创意名城：创新功能的专业化与科技经济的一体化

1. 建设"三城三都"，打造城市名片

"三城三都"（世界文化名城、世界旅游名城、世界赛事名城、国际美食之都、国际音乐之都、国际会展之都）是成都努力建设的目标与方向。2019年以来，成都成功举办世警会，申办大运会、世乒赛、足球亚洲杯、汤尤杯、世运会等重大赛事活动，入选"全球最佳旅游目的地"城市。成都熊猫亚洲美食节、成都国际音乐季等品牌影响力不断提升，会展业综合竞争指数连续3年

---

① 政府项目申报：成果转化引导计划[EB/OL]．[2021-04-21]．http：//www.cdkjfw.com/．

② 徐莉莎．四川省科技成果转化报告发布 去年科技成果转化总收益增加146%[EB/OL]．（2020-10-21）[2021-11-04]．http：//sc.people.com.cn/n2/2020/1021/c345167-34362541.html．

（2018—2020 年）居全国第四位。

  2019 年，成都市大力推进世界旅游名城建设。成都露天音乐公园、锦绣安仁等一批重大项目建成并投入使用，天府锦城、成都融创文旅城、川大博物馆等 97 个重大项目建设提速；大川巷、奎星楼街、梵木文创园区等 60 个文旅特色街区以及足球公园、严家弯湾林盘等 100 个文旅体示范点位，成为"新旅游·潮成都"游乐目的地；都江堰天府青城、虹口漂流分别创建为国家级旅游度假区与国家体育产业示范项目；引进阿里巴巴、天府影都、今典红树林、中体产业等重大文体旅项目（龙头企业）150 个，总投资超过 3600 亿元；成都市青羊区、都江堰市被命名为"首批天府旅游名县"，另有 8 个县（市、区）被列为候选县。①

  2019 年，成都市大力推进世界文创名城建设。成都制定出台《成都市推进世界文创名城建设 2019 年工作计划》《成都市世界文创名城建设监测指标》《成都市文化创意产业分类目录（修订版）》《成都市市级文创企业债权融资风险补偿资金池资金管理办法》等文件；举办第二届世界文化名城论坛·天府论坛、第七届中国网络视听大会等重大活动；打造天府文创城、少城国际文创谷等文创产业功能区；加快推进成都自然博物馆、成都融创文化旅游城建设。成都市全年文创产业增加值实现 1459.8 亿元，比上年增长 24.5%；新开工文创项目 87 个，新增文创园区面积 245.57 万平方米，新增文创街区 88 条、文创镇（村）17 个、文创空间 661 个，规模以上文创企业有 2097 家，标上企业有 4500 家；成都投入 1.9 亿元财政资金支持全市 209 个文创项目。推出政府贴息、贴担保的"文创通"贷款产品，开展精品文创项目路演活动；引进阿里巴巴娱乐文化集团、中国华录集团西部影视基地等知名文创品牌企业，培育多个优秀文创企业，推动尼比鲁、西山居等动漫游戏开发团队国际化发展，孵化出电影《哪吒》、戏剧《成都》等一批"成都造"作品。②

  2019 年，成都市大力推进世界赛事名城建设。成都市旅游局深化与国际网球联合会等多个国际体育组织的交流合作，举办第十八届世界警察和消防员运动大会，并申办 2021 年第 31 届世界大学生夏季运动会等大型国际赛事，改写了西部地区从未获得世界综合性赛事举办权的历史。成都马拉松正式成为中国首个马拉松大满贯候选赛事，成都市先后获得国际铁联和国际篮联授予的

---

① 成都年鉴社. 成都年鉴［J］. 2020（34）：241.
② 成都年鉴社. 成都年鉴［J］. 2020（34）：429.

"黄金主办城市"、世界体育舞蹈联合会授予的"卓越贡献奖"、世界象棋联合会授予的"品牌赛事合作城市"、国际网联授予的"青少年赛事卓越贡献城市"、国际乒联和中国乒协共同授予的"乒乓球运动卓越贡献城市"等称号和奖项。根据成都市世界赛事名城总体规划,计划到2021年,成都的赛事影响力更大,举办国际体育赛事不低于80场,吸引100个以上国家和地区选手参赛;设施利用率更高,持续丰富各级各类体育设施供给,形成15分钟社区健身圈,提升公共体育设施服务质量,提高各类体育设施使用效率,公共体育场馆利用率达到90%,学校体育设施开放率达到70%以上;产业活跃度更强,形成政府引导、市场主体、社会力量多元参与的赛事运营体系和体育产业发展格局,打造市级体育产业示范项目20个,全市体育产业总规模突破1000亿元。①

2019年,成都市大力推进国际美食之都建设。以美食重点首店招引、重大载体促建、重点企业培育、重点节会举办"四重"为主线,于当年2月发布《成都市建设国际美食之都三年行动计划(2018—2020年)》;召开全市美食之都工作推进会,联动城管等5部门组织实施全市餐饮企业百日综合整治行动;举办成都熊猫国际美食节、成都国际美食节,开展"过节耍成都"系列活动,持续打造系列美食品牌。全市全年共招引美食首店54家、投资2.95亿元,重点促建美食载体33个、总投资523.3亿元,将37家企业列入重点培育壮大的美食企业。

2019年,成都市大力推进国际音乐之都建设。成都城市音乐厅、成都露天音乐公园建成投用;举办包括第十二届中国音乐金钟奖、第八届音乐之都城市大会等音乐演艺活动共计1700场次;提升成都大学生合唱团、成都爱乐合唱团等品牌乐团的竞争力和知名度。成都市全年音乐产业产值达481.19亿元,较上年增加20.9%。其中,核心层产值(数字音乐现场音乐、音乐版权、音乐图书音像等)106.86亿元,占比22.2%,核心层中数字音乐、音乐演艺等细分行业保持较快增长;关联层产值(音乐教育、乐器、设施设备等)226.81亿元,占比47.1%;拓展层产值(卡拉OK、广播电视音乐、影视动漫游戏音乐等)147.52亿元,占比30.7%。全市新注册音乐企业448家,新引进音乐产业项目55个。全市全年音乐演艺票房超过5亿元,涉外演出活动逾

---

① 成都年鉴社.成都年鉴[J].2020(34):471.

112 场。①

2019 年,成都市大力推进国际会展之都建设。截至 2019 年年底,全球会展业 10 强中的 7 家与成都市开展项目合作,落地成都市的国际合作驻馆项目有 20 个,全市引进国际性展会 15 个、在谈重大项目 20 个。全球首个 ICCA 国际会议研究及培训中心(CIMERT)在成都成立,并于 2020 年组织召开国际会议业 CEO 成都峰会,发布"2019 年中国城市会展业竞争力指数"。同时,成都市实施人才培养与引进并重的会展人才战略,引进 12 名会展人才,支持 6 所市属高等院校引入海内外优质会展高等教育资源,成都市与中国贸促会合作成立成都培训基地,培训会展人才 500 人次。成都有 32 名会展人获得国际展览与项目协会(IAEE)颁发的注册经理人证书,成为成都首批国际注册会展经理。

2. 激活传统文化活力,营造城市创新氛围

成都历史悠久,文化积淀深厚。近年来,成都依靠深厚的历史文化积淀建成一大批高质量的文化基础设施,丰富了群众的文化活动,也保证了成都城市文化的多样性。从茶馆文化、川剧文化到火锅文化,再到熊猫文化、蜀绣文化,成都不仅有古朴典雅的传统气质,优雅时尚的现代特征,也有包容接纳的国际风度。

2017 年起,成都着手实施四川省"历史名人文化传承创新工程",弘扬中华优秀传统文化,面向未来,把握发展导向,赋予相关名人文化资源以全新的时代价值和当代表现形式,让居民深切感受传统文化的生命力。同时,各大文化教育与发展平台通过多样化的活动形式,激发文化活力,丰富民众精神。例如,杜甫草堂利用"草堂一课"博物馆社教项目为参与者提供传统文化实践课堂,惠及数十万市民群众;宽窄巷子社区美术馆将非遗与现代融合,在展出非遗产品的同时,展示着非遗文化的生命力;成都博物馆通过多个特色展览与全国知名专家讲座,为观众提供了解历史的平台。

如今,成都市积极弘扬"创新创造、优雅时尚、乐观包容、友善公益"的天府文化,提高成都创新活力与发展动力,营造良好的城市氛围。从国内外各大城市发展排行可以看出,成都以先进、创新、幸福的城市文化氛围获得全球瞩目。在由全球化与世界级城市研究小组与网络(GaWC)编制的《世界城市名册 2020》中,成都升至 Beta+(全球二线城市),位于全球 59 位;在美国

---

① 成都年鉴社. 成都年鉴[J]. 2020(34):430.

米尔肯研究院发布的《中国最佳表现城市指数排行榜 2020》中,成都入围前三;在由新华社与瞭望智库共同主办的"2020 中国幸福城市论坛"活动中,成都市位居"2020 中国最具幸福感城市排行榜"榜首。

5.4.3 公园城市示范区:营城模式的重大革新

2019 年,成都市规划和自然资源局委托国内外权威研究机构对公园城市首批 8 个重大课题进行深入研究,整合形成理论框架体系,编制完成《成都市美丽宜居公园城市规划及规划建设导则》,形成成都市建设美丽宜居公园城市的顶层设计蓝图与总体建设指引。《成都市美丽宜居公园城市规划(2018—2035 年)》首创性地诠释了公园城市理念的深刻内涵,明确公园城市概念定义、四大特征、建设模式的三大转变与六大重要价值,提出城市建设要从"产、城、人"向"人、城、产"转变,① 形成构建公园城市的二十大规划策略、六大公园城市场景与九十一项指标体系。

成都加速营造山水生态、乡村郊野等六大公园场景,2020 年底,以天府锦城、交子公园、鹿溪智谷为引领的"3+25"公园城市示范区初步成型,"百个公园"示范工程有序推进,累计修建天府绿道 4408 千米,位居全国第一。② 推进锦城公园"筑景成势",实施锦江公园"九大行动"。同时,依托以党组织为统揽的城乡社区发展治理体系,实现公园形态与社区生活有机融合、基层治理能力和宜居生活品质同步提升。③

公园城市示范区建设是党中央赋予成都的重大使命。引领性创新、市场化改革、绿色化转型等国家总体战略复合叠加,推动成都率先探索具有中国特色、时代特质的新型城镇化道路,创新城市发展方式。

---

① 成都市规划设计研究院. 成都市美丽宜居公园城市规划(2018—2035 年)[EB/OL].(2019-11-15)[2021-04-21]. http://www.cdipd.org.cn/index.php?a=show&c=index&catid=85&id=88&m=content.

② 孔维睿,王琳黎. 今年成都市建成绿道将突破 5000 公里.[EB/OL].(2021-03-12)[2021-11-03]. http://sc.people.com.cn/n2/2021/0312/c379471-34617161.html.

③ 杨煜,王人骄. 建设公园城市示范区 成都两年来做了这些事[EB/OL].(2020-05-27)[2021-04-19]. http://sc.cnr.cn/sc/2014sc/20200527/t20200527_525106939.shtml.

5.5 成都城市创新文化关系评价

5.5.1 创新资源利用度评价

成都创新资源丰富。在项目资源方面,成都被赋予了参与"一带一路"科技创新行动计划以及建设国家综合科学中心、国家级科技企业孵化器、国家成都农业科技中心的使命和任务。以这些高质量项目为抓手,成都市积极建设多项创新项目,加快建设高质量发展的增长极和动力源。成都拥有西南地区数量最多、水平最高的高等院校和科研院所,拥有众多产学研实验室,能为创新建设与发展提供充足的资源。

成都创新资源的利用率仍有待提升。一方面,由于成都地处西南地区,与东南沿海地区的科技创新发展状况相比,在基础研究与应用、国际交流与合作方面仍较薄弱,科技研发的资源和投入优势尚未充分转化为科技产业的优势;另一方面,经过近些年的发展,虽然微软、爱立信、华为等众多科技型企业在成都设立研发中心,[①] 但成都本土企业竞争力不强,科技企业成长速度相对缓慢,需要完成创新突破。成都市要紧紧把握住现有的创新资源,在保持现有优势的基础上,打造更为宜居的生活环境,以吸引更多、更专业、更高级的人才和优秀企业。

5.5.2 创新环境友好度评价

在自然环境方面,成都市位于四川省中部,四川盆地西部,地处亚热带季风气候区,人居环境优越。舒适宜人的生存环境为研究者提供了良好的科研创新空间,"和谐包容、智慧诚信、务实创新"的城市精神吸引了国内外众多的优秀人才。同时,成都土壤资源、森林资源、矿物资源、生物资源等丰富,为相关科研与开发提供了充分的物质条件。

在政策环境方面,成都市是四川省省会,也是全国15个副省级城市之一。"一带一路"建设、长江经济带发展、新时代推进西部大开发形成新格局、西部陆海新通道建设、成渝地区双城经济圈建设等重大战略的实施,使成都进入利好政策叠加的黄金期,政策优势与特点明显。一是在制定创新政策、引进企

---

① 胡照阳. 成都市区域创新系统建设研究[D]. 成都:西南交通大学,2015.

业和企业人才时,成都不仅重视将其"引进来",更重视"培养起来",在此过程中设置考查机制、风险防范机制等,使企业与人才发挥最大作用;二是在制定创新补助政策时,在倾斜支持本地企业的同时充分考虑其发展潜力与资金需求迫切度等因素,对科技含量高、前景还未明朗的小微企业给予一定支持;三是注重变换奖励方式,对有杰出贡献的高科技人才,变政府给钱奖励为能动的市场奖励,通过有效的科技成果产业转化来激发其动力。

但是,在全球一体化加深与逆全球化趋势共存的背景下,成都仍存在全球要素集聚能力较弱、城市总体创新能力不足等问题;同时,由于部分政策以学历作为评定标准,降低了部分专业技能人才的创新积极性,难免导致人才外流。

5.5.3 创新服务完善度评价

在基础配套设施方面,配套服务的支撑对创新系统内的技术转化、信息交流等作用重大。成都市的创新服务和设施与北京、上海、深圳等先进城市相比还有一定差距,通达全球、衔接高效、功能完善的国际性综合交通枢纽尚待建设,信息网络、医疗卫生等也还远不及沿海城市完善。[①] 基础设施建设限制了创新系统建设速度和质量。

在服务平台建设方面,随着市场需求增大、需求多元化的发展,相关行业对创新知识、人才、成果的需求也不断增加,具有差异性和针对性的中间服务平台的作用越发突出。目前,成都市已有较为成熟的专业技术服务机构、孵化转化服务机构、投资服务机构以及知识产权服务机构,能从资金、项目渠道、专业人才、设施设备、成果转化、专利与产权等方面为科研工作者、组织、机构和企业的创新工作提供全方位、全程的服务。

---

① 胡照阳. 成都市区域创新系统建设研究 [D]. 成都:西南交通大学,2015.

第 6 章
成都创新生态营造的时代机遇与实践探索

党的十八大以来,成都市在党中央和四川省委的坚强领导下,深入贯彻落实习近平新时代中国特色社会主义思想和习近平总书记对四川及成都工作系列重要指示精神,牢牢把握时代机遇,锚定新时代成都"三步走"战略目标,全面推进践行新发展理念的公园城市示范区建设。当前的国际国内大环境为成都营造良好的创新生态提供了难能可贵的时代机遇,成都勇于担当、敢为人先,在建设公园城市示范区、世界文化名城等重大实践中,积极作为,不断探索和尝试众多创新做法与路径。

6.1 成都创新生态营造的时代机遇

成都地处我国西南内陆腹地,是向西、向南开放的支点城市,也是"一带一路"和长江经济带的重要交会点。无论是在历史的长河中,还是在当代的洪流中,成都在经济、社会、文化等各领域层出不穷的创新举措,合力持续驱动着这座城市的高质量发展。成都正在践行的国家战略也为成都营造良性循环的创新生态提供了重要的时代机遇。

6.1.1 参与"一带一路"和长江经济带建设的战略机遇

党的十八大以来,习近平总书记深刻洞察世界格局变迁和我国区域发展总体格局,先后提出"一带一路"倡议和长江经济带建设战略。2014 年 9 月,国务院印发了《关于依托黄金水道推动长江经济带发展的指导意见》,2016 年 5 月,中共中央、国务院印发《长江经济带发展规划纲要》。在长江经济带建设的国家战略中,成渝城市群的发展定位为现代产业基地、西部地区重要经济中心、长江上游开放高地、内陆开放的试验区和统筹城乡发展的示范区。2015年3月28日,国家发展改革委、外交部、商务部联合发布的《推动共建丝绸之路经济带和21世纪海上丝绸之路的愿景与行动》,将成都确定为六个重点打造的"内陆开放式经济高地"之一。

"一带一路"倡议和长江经济带发展规划的提出,标志着我国对外开放和区域发展战略思想的重大转变,向西开放和国内东、中、西协调发展,将改善西部内陆地区的经济区位条件,塑造区域经济发展新格局。成都位处"一带一路"和长江经济带的交汇点,具有难得的发展机遇、天然的区位优势和潜力巨大的发展后劲。在向东开放的历史时期,成都深居内陆腹地的大后方,而在向西、向南开放中,成都则成为开放的前沿。因此,"一带一路"倡议和长江经济带发展规划的提出,为成都规划建设西部国际门户枢纽提供了重要的战略机遇。

作为丝绸的主要产地之一,成都自古以来就是"丝绸之路"的重要节点城市,在经长安至中亚、西亚的"北方丝绸之路"沿线上不断出土的蜀锦便是其有力证明。同时,成都也是经云南、西藏到缅甸、印度的"南方丝绸之路"的起点城市,历史上著名的蜀身毒道和茶马古道都是以成都为起点的商贸交通要道。因此,成都与亚欧多国有着千丝万缕的商贸和文化联系。

蓉欧班列从物理空间上密切了成都与欧洲的交流,双方的大批企业在两地互设公司、开展业务合作,成都获得了科技、交通、通信、商贸、物流、金融等多方面的发展机遇。

成都是地处长江上游的超大型国家中心城市,是长江经济带的重要节点。成都对于辖境内岷江、沱江的治理将直接关系到长江上游生态屏障建设。因此,在参与长江经济带建设中,成都肩负着生态保护、绿色发展的重任。

6.1.2 服务双循环新发展格局的战略机遇

党的十九届五中全会根据我国的发展阶段、发展环境及比较优势的变化,审时度势作出了要加快构建以国内大循环为主体、国内国际双循环相互促进的新发展格局的重大决策。[1] 构建新发展格局是适应我国发展新阶段要求、塑造国际合作和竞争新优势的必然选择。

---

[1] 中国共产党第十九届中央委员会第五次全体会议公报[R/OL].(2020-10-29)[2021-10-11]. http://cpc.people.com.cn/GB/http://cpc.people.com.cn/n1/2020/1029/c64094-31911510.html.

成都作为国家中心城市，拥有丰富的资源、雄厚且完备的产业基础，以及2000余万常住人口的巨大消费市场，是国内大循环的重要依托和坚强后盾。同时，成都是我国向西向南开放的门户枢纽，可以辐射欧盟、东盟和中亚的广阔市场，有利于资源要素的国际流通。成都要把握新发展格局的重大机遇，积极探索融入双循环的有效途径，充分发挥国家中心城市对畅通国民经济内循环和链接全球经济外循环的引领支撑作用，打造国内大循环的战略腹地，建设国内国际双循环门户枢纽。

早在20世纪60年代，成都就是三线建设的重要投资和建设区域，也是三线建设西南片区的指挥中心、交通枢纽和物资补给基地等。在三线建设中，成都形成了以电子、机械、航空航天、冶金、建材、化工等工业生产和科研配套为主的产业布局，对我国西部地区工业和科技发展起了重要的支撑和助推作用。面对当下我国构建以国内大循环为主体、国内国际双循环相互促进的新发展格局，成都将借鉴三线建设时期的历史启示，继续发挥好内陆腹地和向西、向南开放的门户枢纽的双重优势，在产业结构调整、产业优化升级、产业链配套、资源要素供给、市场空间拓展、科技研发转化等领域不断创新。

6.1.3 推动成渝地区双城经济圈建设的区域发展

早在2011年国务院就批复了《成渝经济区区域规划》，并提出建设"西部地区重要的经济中心"，2016年国务院又批复了《成渝城市群发展规划》，提出在成渝地区建设"国家级城市群"。2020年1月，习近平总书记在中央财经委员会第六次会议上，听取了四川省关于推动成渝地区双城经济圈建设问题的汇报，并发表了重要讲话，会议指出，推动成渝地区双城经济圈建设，有利于在西部形成高质量发展的重要增长极，打造内陆开放战略高地，对于推动高质量发展具有重要意义。[①] 2020年10月16日，中共中央政治局召开会议，审议《成渝地区双城经济圈建设规划纲要》。习近平总书记主持会议并指出，当前我国的国内国际环境继续发生深刻复杂变化，推动成渝地区双城经济圈建设，有利于形成优势互补、高质量发展的区域经济布局，有利于拓展市场空间、优化和稳定产业链供应链，是构建以国内大循环为主体、国内国际双循环相互促进的新发展格局的一项重大举措。2021年10月20日，中共中央、国务院正式印

---

① 习近平主持召开中央财经委员会第六次会议［EB/OL］.（2020-01-03）[2021-11-03]. http：//cpc.people.com.cn/n1/2020/0103/c64094－31534393.html.

发了《成渝地区双城经济圈建设规划纲要》，提出合力打造区域协作的高水平样板，使其在推进新时代西部大开发中发挥支撑作用，在共建"一带一路"中发挥带动作用，在推进长江经济带绿色发展中发挥示范作用。建设成渝地区双城经济圈正式上升为国家战略，成渝地区要以建设"两中心两高地"为重点，力争形成西部高质量发展的重要增长极。

于成都而言，这是继国家中心城市后层次更高、影响更大、含金量更重的国家定位，为成都对内争取国家政策支持、对外集聚高端要素资源提供了接入点和契合点。找准成都在成渝地区双城经济圈的发展定位和功能担当，既是成都做大做优做强内陆地区极核功能的前提，也是成都引领西部乃至全国高质量发展的基础保障。

自古巴蜀一家，成渝两地山水相连，在自然地理、文化传统、社会风俗、商贸往来、经济联系等方面都有着极强的互联互通之处。双城跨区域的合作发展将打破行政樊篱，探索行政区与经济区适度分离的平衡点，在基础设施建设、产业协同发展、公共服务供给等方面寻求双赢互利的合作机制，其间孕育着巨大的创新发展机遇。

6.2 成都建设践行新发展理念公园城市示范区的创新生态营造实践

建设践行新发展理念的公园城市示范区是党中央交给四川和成都的重大政治任务，是对习近平总书记对四川及成都工作系列重要指示精神的深入贯彻落实，是贯穿以人民为中心的发展思想、打造共建共治共享的"人民城市"、顺应城市转型发展的新要求、构建"人城境业"高度和谐统一的美丽中国典范城市的系统性创新实践。因此，在践行新发展理念的公园城市示范区的建设中势必催生出社会各领域的系列创新举措。这些创新举措既会极大地促进公园城市示范区的建设，又将有助于推动成都创新生态的营造。

6.2.1 践行新发展理念公园城市示范区的发展目标

2018年春节前夕，习近平总书记来四川考察调研时指出：天府新区是"一带一路"建设和长江经济带发展的重要节点，一定要规划好建设好，特别是要突出公园城市特点，把生态价值考虑进去，努力打造新的增长极，建设内陆开放经济高地。① 习近平总书记在成都首提建设人与自然和谐发展的"公园城市"的新理念。

成都贯彻落实习近平总书记的新要求，把高标准建设公园城市写进新时代成都"三步走"的战略目标，《成都市城市总体规划（2016－2035年）》提出2035年实现建成美丽宜居公园城市，并用"绿满蓉城、花重锦官、水润天府"来描绘"公园城市"的盛景。2021年2月通过的《成都市国民经济和社会发展第十四个五年规划和二〇三五年远景目标纲要》提出，力争到2025年，基本建成践行新发展理念的公园城市示范区；2035年远景目标是成为美丽中国建设实践范例，全面建成践行新发展理念的公园城市示范区；2050年远景展望是成为创新驱动、全龄友好、生活富裕、生态宜居的公园城市样板。

6.2.2 构建理论创新的支撑体系

成都市成立天府公园城市研究院和公园城市建设发展研究院以服务公园城市理论研究和规划探索，并联合国际国内知名专家，就公园城市内涵、指标体系、消费场景、城市品牌、公园形态、对市民生活品质影响、绿色生态价值等问题展开研究，形成了《公园城市·成都实践》《公园城市发展报告（2020）》《公园城市·未来人居示范研究》《公园城市指数框架体系》等研究成果，初步搭建了公园城市理论构架。此外，成都市整合组建市、区两级公园城市建设管理机构，加快推进公园城市建设条例等立法工作，初步构建以绿色发展为导向的目标考核机制。

2019年至2020年连续两年，成都广泛邀请国内外专家和嘉宾参加公园城市论坛，发布《公园城市成都共识2019》《公园城市·成都实践》《公园城市发展报告（2020）》，系统梳理、展示成都纵深推进公园城市建设的理论与实践，努力形成更多可复制、可推广的制度成果和实践经验。

6.2.3 规划空间创新的城市形态

成都市遵循"东进、南拓、西控、北改、中优"十字方针统筹推进全域公园城市建设，通过成立东部新区，在组织机制上极大地保障和推动了城市格局由"两山夹一城"向"一山连两翼"转变。全面启动规划面积达1275平方千

---

① 习近平春节前夕赴四川看望慰问各族干部群众［EB/OL］.（2018-02-13）［2021-10-11］. http：//cpc.people.com.cn/n1/2018/0213/c64094－29823185.html.

米、示范区面积为99平方千米的龙泉山城市森林公园建设工程，努力打造世界级品质的城市绿心和国际化的城市会客厅。① 截至2020年年末，成都森林蓄积量达3677万立方米，森林覆盖率达40.2%，市辖区建成区绿化覆盖率达43.9%。②

成都市以龙泉山城市森林公园、锦城公园、锦江公园等为龙头，打造"百个公园"示范工程和公园城市示范片区，依托绿道串联生态区26个、绿带47个、公园53个；③ 在公园的建设中做到筑景、成势、聚人，注重园林设计和引入前沿的时尚消费模式，实现景区、景观和场景的完美融合；在锦江公园周边及配套上积极推进交通、环境、文化、风貌、照明、业态、社区、品牌等九大专项行动。

6.2.4　激发城市活力，创新运营模式

2020年，成都市出台《成都市"老公园·新活力"三年提升行动计划（2020—2022）》，计划用三年的时间，从景观、治理、业态等方面对老公园进行全方位的提升和优化。按照兼顾景观打造、人气聚集、环境治理、消费业态的原则，在保护和发展传统园林的基础上，加快公益性园林的转型升级，引入夜间经济、周末经济等消费新场景，创新生态资源市场化运营模式，促进公园生态价值的创造性转化。努力探索近期投入产出平衡、远期生态价值持续扩大的长效机制。

该计划预计到2022年，成都全市完成100个城市公园的景观提升、场景营造及服务品质升级的工作，加快提高公园管理水平，力争创建6个省级重点公园、2个国家重点公园，全面推广共建、共治、共享的先进做法，打造示范公园28个，塑造30个公园特色品牌，打造90个"红点""奇点"景观。④

---

① 李媛莉，杜江茜，刘秋凤，等. 规划面积1275平方公里　成都将建全球最大城市森林公园［EB/OL］.（2017-12-12）［2021-10-11］. https：//sichuan. scol. com. cn/cddt/201712/56044023. html.

② 成都市统计局，国家统计局成都调查队. 2020年成都市国民经济和社会发展统计公报［EB/OL］.（2021-3-27）［2021-10-10］. http：//www. cdrb. com. cn/epaper/cdrbpc/202103/27/c77661. html.

③ 成都市统计局，国家统计局成都调查队. 2020年成都市国民经济和社会发展统计公报［EB/OL］.（2021-3-27）［2021-10-10］. http：//www. cdrb. com. cn/epaper/cdrbpc/202103/27/c77661. html.

④ 成都：老公园焕发新活力［N］. 成都日报，2020-6-14（4）.

成都创新"公园+"模式，促进公园与社区、文化、体育、商业乃至农业等多领域的有机融合。在2020年5月27日召开的"建设公园城市示范区 推进绿道生态价值转化"新闻发布会上，成都宣布已建立面向全球持续发布1000个新场景、1000个新产品的"双千"机会场景发布机制，加快培育山水生态、天府绿道等6大公园场景，打造江滩公园、新桥社区、夜游锦江等场景品牌120余个，构造五岔子大桥、城市之眼、香香巷等"网红"打卡点位380余个；坚持政府主导、市场主体、商业化逻辑，以设施租赁、联合运营、资源参股等多种方式实施全球招引，梳理项目招引机会清单2500余项，天府绿道社会投资占比达70%以上；"百个公园"示范工程吸引社会资本170亿元，占比56%。[①]

在运营创新方面，成都尤其注重探索绿色营城模式。绿色营城模式是中国城市在生态环境保护与经济社会发展协调并进上的积极探索，成都深入推进铁腕治霾、重拳治水、科学治堵、全域增绿的"三治一增"，努力打好蓝天、碧水、净土的"三大保卫战"。2020年，空气优良天数达280天。此外，成都加快构建"轨道+公交+慢行"绿色交通体系，规划建设14个TOD示范项目，轨道交通运营里程达341千米，新开工"8类18项"公服设施项目2199个，建成功能性项目987个，"家门口"的绿色福祉可感知可触及；依托以党组织为统揽的城乡社区发展治理体系，整治提升背街小巷2059条，改造老旧院落600个、棚户17 434户，完成"两拆一增"点位3270个，打造特色精品街区121个、公园小区70个，实现公园形态与社区生活有机融合，基层治理能力和宜居生活品质同步提升。[②]

6.3 成都建设世界文化名城的创新生态营造实践

成都作为拥有4500余年文明史的国家历史文化名城，在新时代、新思想的引领下，正昂首阔步走向世界。成都肩负着推动社会主义文化繁荣兴盛、建

---

① "建设公园城市示范区 推进绿道生态价值转化"新闻发布会发布词[EB/OL]．(2020-5-27)[2021-10-10]．http：//www．sc．chinanews．com/cfzl/2020-05-28/4709．html．

② "建设公园城市示范区 推进绿道生态价值转化"新闻发布会发布词[EB/OL]．(2020-5-27)[2021-10-10]．http：//www．sc．chinanews．com/cfzl/2020-05-28/4709．html．

设社会主义文化强国的时代使命，弘扬核心价值、传承巴蜀文明、发展天府文化、努力建设成为独具人文魅力的世界文化名城是成都的发展目标。基于文化发展的趋势和城市发展的规律，成都将建设世界文化名城作为城市未来发展的战略方向。在世界文化名城的建设实践中，从天府文化的创新性发展、创造性转化，到创新推进"三城三都"建设，无不体现着创新实践。作为一座闻名遐迩的历史文化名城，成都依托悠久的历史与丰富的文化，近年来在提高社会文明程度、提升公共文化服务水平以及推动现代文化产业高质量发展等方面成绩斐然。

6.3.1　成都建设世界文化名城的战略定位

成都市第十三次党代会以来，提出坚定贯彻习近平新时代中国特色社会主义思想，加快建设全面体现新发展理念的城市、奋力实现新时代成都"三步走"战略目标，确定了建设国家中心城市、美丽宜居公园城市、国际门户枢纽城市和世界文化名城的战略方向。

2018年9月，成都市委召开"成都市世界文化名城建设大会"，2019年市委十三届四次全会审议通过了《关于弘扬中华文明　发展天府文化　加快建设世界文化名城的决定》，对世界文化名城建设进行全面动员和系统部署。成都把建设世界文化名城作为城市未来的战略方向，并提出，到2020年，天府文化成为城市国际传播名片，建成具有区域影响力的世界文化名城；到2035年，城市精神不断升华，天府文化魅力充分彰显，"三城三都"闻名于世，美丽宜居公园城市的大美文化形态生动呈现，建成新兴的世界文化名城；到21世纪中叶，天府文化成为彰显可持续发展世界城市国际识别度美誉度的文化旗帜，建成独具人文魅力的世界文化名城。①

"三城三都"建设是世界文化名城建设在当前这个发展阶段的主要任务。天府文化是其根脉，文化、商贸、旅游、体育融合发展是其方式，加强世界文化名城、赛事名城、旅游名城、国际音乐之都、美食之都、会展之都建设，要遵循城市发展规律，培育新场景新业态，孵化新生态新动能，塑造"三城三都"品牌，努力创造成都建设世界文化名城的时代表达。

---

① 中共成都市委关于弘扬中华文明发展天府文化加快建设世界文化名城的决定［EB/OL］.（2019-1-16）［2021-10-10］. http：//cd. wenming. cn/wmbb/201901/t20190116_5651875. shtml.

6.3.2　创新文化遗产保护和利用路径

2018年5月4日，中共成都市委办公厅、成都市人民政府办公厅正式印发《关于深入推动天府文化创新发展的行动方案》，就传承、发展、宣传天府文化，提升成都的文化影响力、凝聚力、创造力等做出了明确部署。

第一，建立健全文化遗产保护的制度规范和长效机制。按照"保护为主、抢救第一、合理利用、加强管理"的方针，成都努力探索文化遗产保护利用的制度创新。编制出台了《成都市历史建筑和历史文化街区保护条例》《成都市历史建筑保护与利用导则》《成都市历史建筑修缮和装饰装修管理办法》《成都市文物保护管理条例》《关于进一步加强文物安全工作的实施意见》等，对成都市的历史遗址、文物保护单位、历史文化镇街、历史建筑、不可移动文物等物质文化遗产以及非物质文化遗产进行科学保护与合理利用，全面加强制度建设，规范管理，明确相关法律责任。

第二，完善文化遗产的传承和保护体系。大力推进对行政区域内古蜀文明、三国蜀汉文化、前后蜀文化、唐宋文化、明清文化、革命文化，以及水文化遗产、手工业文物遗产、古籍文献、墓葬石窟等各历史时段各类型文化遗产的研究、传承、保护、利用，并使之成为系统性综合工程。对文化遗产资源进行系统梳理、分类整理和数字化管理，发掘文化遗产资源的价值内涵和文化元素，建立现代化的文化遗产传承和保护体系。

第三，大力推进文化遗产的活化利用。成都将深入挖掘各类考古遗址的文化价值，充分利用宝墩遗址、邛窑遗址、明蜀王陵遗址等资源，形成"十大遗址保护和考古遗址公园"的品牌建设，创建全国大遗址保护示范区和国家文化公园。以国际一流标准完成《东华门遗址公园展示设计方案》，依托东华门遗址建设天府文化中心，打造城市文化客厅。尤其注重古蜀文明的发扬光大，打破行政区划的限制，以文化整体性的大局观，着力推进三星堆遗址与金沙遗址的联合申遗，树立古蜀文明的鲜明文化地标。在沱江流域、锦江公园、交子商圈等重大文旅项目中，深入发掘和梳理文化遗产资源，并以各类新兴手段植入创意策划。鼓励文化文物单位开发文化创意产品和旅游产品，其所得收入按规定纳入本单位预算统一管理，可用于公共服务、藏品征集、对符合规定的人员予以绩效奖励等，积极开发实用性和艺术性有机统一的文创产品，努力构建产品营销体系和品牌授权体系，打造成都独特的文创品牌。

第四，加强非物质文化遗产的保护传承。进一步完善代表性项目和代表性传承人名录体系和保障体系,加强对非物质文化遗产的整体性保护传承。注重生产性保护传承,实施天府手艺振兴行动,加强对成都老字号的保护发展,打造"成都手作"非遗公共品牌,推动非物质文化遗产生产性保护聚集区发展。实施生活化保护传承,注重把成都习俗、成都手艺、成都美食、成都戏曲等融入日常生活,实施"非遗在社区"传承项目,振兴中国传统节日,丰富都江堰放水节、成都大庙会等地方传统节庆时代内涵,加强对成都中医、传统体育的传承发展。推进非遗与旅游的融合,开发"体验匠心"示范项目,推出成都"非遗之旅"线路产品和一批非遗项目体验基地。塑造"非遗之旅"品牌。

第五,形成文化遗产保护利用的多元共治社会参与机制。在文化遗产的保护和利用中,充分调动文化单位、文物单位和各类市场主体的积极性,坚持政府主导、多方投入的多元共治原则,广泛吸引社会力量依法依规合理利用文物资源,促进文化遗产开发利用与文化创意、广告设计、旅游、乡村振兴等产业的跨界融合,营造特色文化体验场景,推进文化遗产资源的社会共享和活化利用,建立优势互补、互利共赢的社会参与长效机制。

6.3.3 创新公共文化服务方式

第一,优化完善公共文化设施。完善文化馆、展览馆、博物馆、艺术馆等各类公共文化服务场馆体系。全市有博物馆157座,其中非国有博物馆达109座,位居全国第一。在四川博物院、成都杜甫草堂博物馆、成都武侯祠博物馆、成都金沙遗址博物馆基础上,又新增成都博物馆、四川建川博物馆获评国家一级博物馆,至此,成都市域范围内的国家一级博物馆已达6家,国家一二三级博物馆数量达20家(一级6家、二级7家、三级7家)。加快天府美术馆、天府艺术公园、金沙演艺综合体、城市生活美学馆、成都自然博物馆、张大千艺术博物馆、四川大学博物馆群、川剧中心二期、金融城文化艺术中心等重点文化场馆建设,不断增强建设世界文化名城的硬实力。围绕天府古镇、天府绿道、川西林盘、特色街区、商业卖场等,持续推出一批沉浸式文化空间和阅读空间。充分发挥博物馆研究功能,用文物和研究成果弘扬传播天府文化,持续推进武侯祠建设全国"三国文化研究中心",杜甫草堂建设"中国诗歌文化中心"。努力建设国有博物馆和非国有博物馆协调发展的博物馆体系,分类推进国有博物馆法人治理结构建设,依法依规推进非国有博物馆法人财产权确权。①

第二，加快公共文化产品优质供给。围绕庆祝改革开放 40 周年、新中国成立 70 周年、建党 100 周年等重大盛典，成都市组织创作专题文艺作品，推出众多优秀文艺作品和文化产品，如创作展演《烈火中永生》《金沙江畔》《传说五凤溪》等舞台艺术作品 30 余个，舞剧《努力餐》荣获第十二届中国舞蹈"荷花奖"，纪录片《四十城四十年》《生者》获得"中国广电电视大奖"。大力开展天府文化主题的艺术创作，舞蹈《英姿》在 2019 年央视春晚演出，舞蹈《百花争妍》亮相人民大会堂国宴舞台，新创川剧《落下闳》、杂技剧《金沙江畔》大获好评，开展"天府之歌"全球征集活动，收获具有浓郁天府文化特色的新创歌曲 1669 首，孵化出《烟火人间》《锦色》等优秀本土作品。培育如荣获第 29 届中国戏剧梅花奖的川剧演员虞佳、荣获第 10 届世界和平合唱节金奖的成都大学生合唱团以及饺子、刘文章等本土优秀文化人才。持续举办国际非物质文化遗产节、成都国际诗歌周、成都创意周、天府大地艺术季等大型文化展演活动。

第三，推动公共服务提质增效。积极推进公共文化服务的惠民利民，实现全市图书馆、文化馆、乡镇（街道）、村（社区）综合性文化服务中心免费开放，94 家博物馆免费或低票价开放。在全国率先实现市域内第三代社保卡公共图书馆免注册借阅服务。着力推动公共文化服务智能化、供给多元化，提升文化馆、图书馆、博物馆、美术馆等公共服务机构的国际化、标准化、规范化服务水平，完善"15 分钟"公共文化设施网络体系，推进"互联网＋公共服务"。持续开展"文化四季风"等品牌群众文化活动，创办公共文化服务超市，全年开展线上线下普惠性公共文化活动超过 10 万场次。持续完善和提升基层文化中心示范点位，新建 44 座基层文化中心示范点，不断提升群众精神文化生活的获得感幸福感。繁荣发展广播电视事业，满足人们不断提升的文化需求。申报中国（成都）网络视听产业基地、中国（成都）超高清创新应用基地，大力发展 5G＋8K 的智慧广电，提升广播电视传输系统智慧化科技化服务和公共服务水平，推进中国（成都）网络视听产业基地建设，成功创作生产了一批优秀广播电视网络视听作品。

---

① 中共成都市委关于弘扬中华文明发展天府文化加快建设世界文化名城的决定［EB/OL］.（2019-1-16）［2021-10-10］. http：//cd. wenming. cn/wmbb/201901/t20190116＿5651875. shtml.

第 7 章

成都世界文化名城建设中的创新基本要素分析

提高成都世界文化名城建设的创新水平是一个中长时期的综合性工程,离不开动态、立体、相互关联的创新生态环境。本章借鉴生物化学中的生态环境等相关理念、思路,[①] 以及其他城市创新生态的研究成果,尝试在对成都市创新文化有初步把握的情形下,进一步观察成都世界文化名城建设中创新活动的基本要素、结构及其运行功能之间的协同机理,以揭示其动态演进的过程,为第 8 章的对策建议做必要的铺陈。

表 7-1 成都世界文化名城建设创新评价指标体系

成都世界文化名城建设创新评价指标体系	创新产出	知识产权	每万人试验发展人员专利授权数
		技术应用	百万人口技术合同成交额
		价值实现	劳动生产率
			每万元地区生产总值耗能
	创新环境	经济	人均地区生产总值
			出口占地区生产总值比重
		金融	金融机构本外币贷款余额
		信息化	互联网宽带接入数/百人
			信息传输、计算机、软件等新经济从业占比
		空间聚集	省级以上园区数

---

① 人类的创新活动具有很强的生物特性,对其功效的分析不妨引入生物学的分析方法。基于此,演化经济学已经成为分析复杂社会经济问题的重要方法。更多借用生物学相关理念分析人类社会行为的方法可参阅(英)梅特卡夫. 演化经济学与创造性毁灭[M]. 冯健,译. 北京:中国人民大学出版社,2007.

续表

成都世界文化名城建设创新评价指标体系	创新投入	人力资源	每万人中试验发展人员数
			高校在校学生数占比
		资金	试验发展投入占地区生产总值比重
			科学技术支出占公共财政支出比重
			教育经费支出占公共财政支出比重

7.1 成都世界文化名城建设的投入分析

创新作为一种理念和行为时，其主体是人；创新作为一种结果时，其本质既是对现有问题的解决，也是对现有事物的改变或否定。无论哪种情形，创新都与人群的数量、成分结构、知识结构、能力水平密切关联；① 世界文化名城建设的创新活动由于涉及文化产业建设，必须以产业资本带动发展，所以本章也会从世界文化名城建设中的资本构成、流向、产出效益等角度进行观察分析。②

7.1.1 成都世界文化名城建设中的创新人才和经费投入情形

文创、旅游、体育、美食、音乐、会展等产业带动着"三城三都"的建设，这些产业几乎都属于第三产业，所以我们观察成都营造世界文化名城、旅游名城、赛事名城和国际美食之都、音乐之都、会展之都的过程，基本上就是在观察成都第三产业的发展情形。第三产业从业人员的数量、工资水平的变化幅度可以从另一方面反映出文创、旅游业的收益和投入情况，因为二者呈正相关关系。

---

① 为观察成都世界文化名城建设的创新能力，我们还参考了相关研究，如四川省社会科学院、中国科学院成都文献情报中心．中国区域创新指数报告（2015—2017）［M］．北京：人民出版社，2018；谭春辉．高校哲学社会科学创新能力评价模型与机制［M］．北京：科学出版社，2017；郭华巍．城市创新能力评价体系构建与分析［M］．北京：中国社会科学出版社，2018；中国科技发展战略研究小组、中国科学院大学中国创新创业管理研究中心．中国区域创新能力评价报告 2020［M］．北京：科学技术文献出版社，2020；等等。

② 有学者将人力、知识、文化和社会等非驱动创新的非物质因素作为创新"资本"，也是一种可行的思路，不过此处所说的资本就是指创新活动中的投入资金。

由于统计局在传统产业划分方式下给出的统计数据是当前笔者所掌握的较为可靠的数据,所以本章的分析仍以2020年出版的统计年鉴为基础,来观察成都世界文化名城建设的投入情况。

表7-2 川渝两地私营企业和个体就业人数(2019年底)(单位:万人)

地区	总数	制造业	建筑业	批发和零售业	交通运输、仓储和邮政业	住宿和餐馆业	租赁和商务服务业	居民服务、经理和其他服务业
重庆	1375.8	105.9	68.8	484.1	29.3	108.6	151.6	75.0
四川	1329.2	83.3	58.1	556.2	25.9	183.5	102.8	102.7

资料来源:《中国统计年鉴2020》。

2019年包括成都在内的四川省私营企业和个体就业总人数与重庆相当,但从业人员所在行业结构有显著差异。① 从表7-2可以看到,重庆从业人员数量从高到低分别是:批发和零售业,租赁和商务服务业,住宿和餐饮业,制造业,居民服务、经理和其他服务业,建筑业,交通运输、仓储和邮政业。而四川从业人员数量从高到低分别是:批发和零售业,住宿和餐饮业,租赁和商务服务业,居民服务、经理和其他服务业,制造业,建筑业,交通运输、仓储和邮政业。

可见,川渝两地从业人员最多的行业都是批发和零售业,四川的批发和零售业从业人数比重庆多出72万人;居四川从业人员数量第二位的是住宿和餐饮业,其数量比重庆多75万人。不过,重庆的制造业和建筑业两个行业从业人员总数比四川多33万人。综上,四川的第三产业就业人员占比相对来说是比较高的,这种由两地产业格局和劳动者自主选择形成的人才格局,有利于发展成都的世界文化名城建设。而四川的劳动者之所以自主聚集于批发零售、住宿餐饮等第三产业,与这些行业的收益相对较高有一定关系。

表7-3 成都市2019年三次产业城镇就业人员平均工资② (单位:元)

三次产业分类	国有经济	集体经济	私营经济	其他经济
第一产业	79 260	41 667	41 006	87 781
第二产业	66 230	53 988	49 758	78 135

---

① 此处之所以列出重庆和四川的私营企业和个体就业人数进行比照,是因为两地此数据总量几乎相当,同时四川的数据中成都又占据重要份额。

② 该数据未包含省直单位数据。

续表

三次产业分类	国有经济	集体经济	私营经济	其他经济
第三产业	120 854	89 909	51 603	94 979

资料来源：《成都统计年鉴2020》。

如表7-3所示，如果粗放地从成都第一、第二、第三产业就业人员的平均工资看，无论是国有经济还是集体、私人、其他经济形式，第三产业从业人员的平均工资显然高于第一产业和第二产业；从统计数据也可以看出，在成都的第一、第二、第三产业中，国有经济从业人员收益显著高于集体和私营经济，在一定程度上反映出国有经济盈利能力较强。

7.1.2 成都世界文化名城建设相关领域经费投入情形

一般公共预算支出可以较好地反映成都在世界文化名城建设中的经费投入情况。从成都市2017—2019年连续三年一般公共预算支出的比例和变化可以看到，与城市创新能力直接相关的教育投入占比从2017年的15.7%提高到2018年的16.7%，但到2019年又下降到14.4%。[1] 成都2019年公共预算支出中的公共安全、社会保障和就业、卫生健康的预算也有所下降。

不过，2019年成都的城乡社区服务预算在2018年的基础上增加了1.6个百分点，充分显示了当前形势下城乡社区的治理在成都这座超大城市的治理体系中的重要性。尽管颇耗资金的城乡社区事务管理、城乡社区规划与管理、城乡社区公共设施建设、城乡社区环境卫生治理、市场管理与监督等城乡社区事务支出并未直接用在课题关注的世界文化名城建设上来，但其所起到的保障、协同作用是不容忽视的，也是成都世界文化名城建设行稳致远的必要前提。

运用性的创新活动主要来自生产一线的企业人员，而长期深刻且根本性的创新则仰赖于自然科学、农业、医学、人文社科等多方面的基础研究。科研活动的效能除了与上文提到的从业人员工资收入有关，还和该领域事业发展的活动经费有密切关联。

从2018年到2019年，全市科研机构从业人员由1.9万增加到了2.3万，政府投入资金由35亿元上升到了49亿元，增加的经费主要投入于工程科

---

[1] 成都市统计局，国家统计局成都调查队. 成都统计年鉴2019 [M]. 北京：中国统计出版社，2019：20；成都市统计局，国家统计局成都调查队. 成都统计年鉴2020 [M]. 北京：中国统计出版社，2020：20.

学与技术领域、自然科学领域、医学科学领域和农业科学领域,而社会、人文科学领域的经费是负增长。①

发达交通运输条件是世界文化名城建设的重要基础和前提。成都近年在交通运输方面投入较多的资金,交通运输业成为第三产业中人员增长较快的行业,但由于交通设施投入的周期性和新冠肺炎疫情等不定性因素的影响,交通运输、仓储及邮政业的税收增长率从2017年的67.3%降到2018年的39.4%,2019年甚至出现了负增长。不仅如此,成都相对有一定优势的信息传输、计算机服务和软件业的税收增长率也从2017年的64.9%下跌到2019年的-17.6%。②

仅从成都近年的这种经费投入及税收的变动趋势可以看出,当前成都对工程技术所涉及的基础建设方面投入较大。尽管城市基础设施的建设是城市持续创新性发展的重要因素,而且也有利于直接提高城市的美誉度、便捷性和市民满意度,但若从长计议,还需要对一些基础的自然和社会科学领域进行长期、持续且稳定的投入。

7.1.3 成都世界文化名城建设中的消费端投入情形

在以人民为中心的发展思想指导下,成都世界文化名城建设最终的目标是为市民和游客、创业者创造良好的文化、教育、居住、消费、创业环境。居民在教育文化娱乐方面的支出情况和变化趋势能够反映出成都文化消费能力的高低和创新环境优劣,为"三城三都"的建设方向提供了重要的参考。

仅从2019年成都市家庭消费的总体情况看,在2.97万元的年消费性支出中,成都居民家庭对教育、文化、娱乐、服务的投入居其年度消费第四位。第一大类是食品烟酒类(9692元),其他由高到低分别是居住(6269元)、交通通信(3561元)、教育文化娱乐服务(3214元)、衣着(2520元)、医疗保健(1658元)等。③

---

① 成都市统计局,国家统计局成都调查队.成都统计年鉴2019[M].北京:中国统计出版社,2019:255;成都市统计局,国家统计局成都调查队.成都统计年鉴2020[M].北京:中国统计出版社,2020:249.

② 成都市统计局,国家统计局成都调查队.成都统计年鉴2020[M].北京:中国统计出版社,2020:101.

③ 成都市统计局,国家统计局成都调查队.成都统计年鉴2020[M].北京:中国统计出版社,2020:116.

不过，如果纵向比较，从 2017—2019 年三年的情况看，成都市民家庭教育文化娱乐服务方面的总支出是稳步增加的。只不过其中的文化娱乐用品、文化娱乐服务支出到 2019 年实际是明显减少的，尤其是文化娱乐用品由 2018 年的户均 510.7 元降低到 2019 年的户均 446.0 元，同期文化娱乐服务消费由 1176.7 元降到 2019 年的 1011.1 元，而教育方面的支出从 1221.4 元提高到了 1736.8 元。

显然，无论是教育投入绝对增长幅度，还是相对于家庭收入的增速，成都市民家庭教育投入的增速都显得过快，这是一个值得重视的问题。2018 年—2019 年，仅一年时间，成都城镇居民人均消费支出增长仅 8.8%，但人均教育投入增加了 515.4 元，增长 42.2%。成都城镇居民家庭 2010—2018 年的人均教育投入，从 655.0 元增加到 1221.4 元，8 年时间才增长 86.5%，所以 2018—2019 年一年时间内增长 42.2%的增速显得有些过快。

教育经费的逐年增长可以体现出成都城市居民对教育的重视，但这种较为异常的增长也说明市民可能在教育或就业方面存在焦虑，这种过度的焦虑和投入将会影响市民对其他物质、文化、服务的消费信心。这种趋势的反差在与文创产品极为相关的首饰及手表的消费上也有明显的表现：2019 年成都在首饰及手表上的人均消费从上一年的 372.8 元下跌到了 300.8 元。①

从消费的角度看，除了要考虑城镇居民的可支配收入，也要关注城区周边农村居民的收入增长情形。对于曾经具有显著二元经济结构的成都来说，协调城乡经济发展水平有助于提高整个城市的发展水平，促进创新文化发展。因此，在城市带动农村逐步共同富裕、共同创新的浪潮中，成都应抓住城乡差别逐步减小、产业形态多样化发展、经济水平显著提高的良好机遇，推动创新文化的进一步发展。

7.2　成都世界文化名城建设中的创新产出情形

7.2.1　成都科研学术成果的投入产出概况

关于城市本身的各种研究成果是我们观察城市文化建设水平的一个重要指

---

① 成都市统计局，国家统计局成都调查队. 成都统计年鉴 2020 [M]. 北京：中国统计出版社，2020：116.

标，故本节将通过分析比较以论文为代表的科研成果产出情况，来观察成都世界文化名城建设的产出情形。由于对多学科论文质量的比较相对复杂，故此处仅从数量上做初步的对比分析。

借助于中国知网，笔者除了关注篇名中含有"成都"的研究论文数量及学科分布（见图7-1），还对篇名包含"成都""杭州""深圳""重庆""西安""武汉""广州""南京"等且由国家基金或地方规划项目资助的论文数量进行了初步都统计（见图7-2至图7-8）。

图 7-1　篇名中含"成都"的研究论文的主要学科分布图①

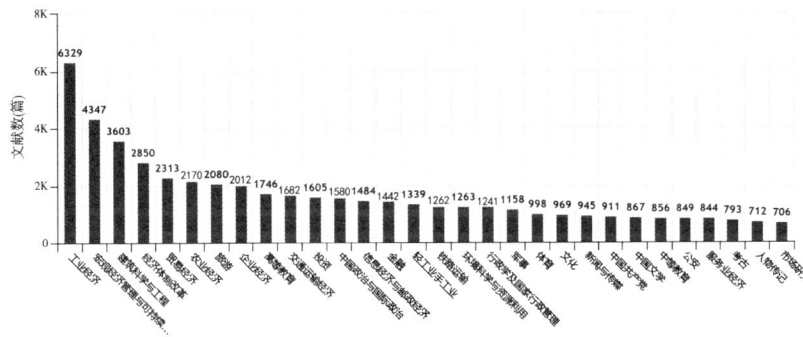

数据来源：中国知网 2022.3

图 7-2　篇名含"成都"的国家基金及地方规划项目资助论文数量及分布图

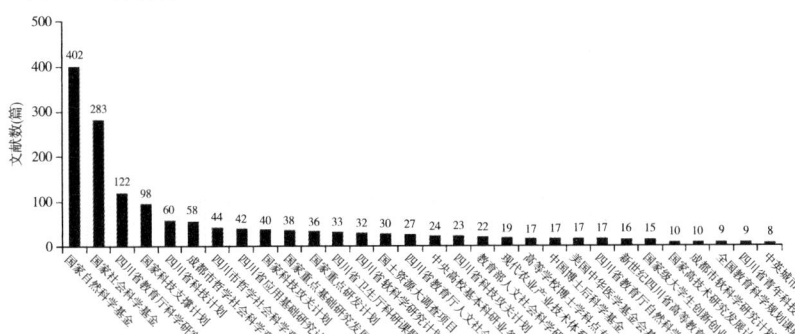

数据来源：中国知网（2021.6）

---

① 因图幅所限，表中部分文字无法显示，具体表格请参见中国知网，下同。

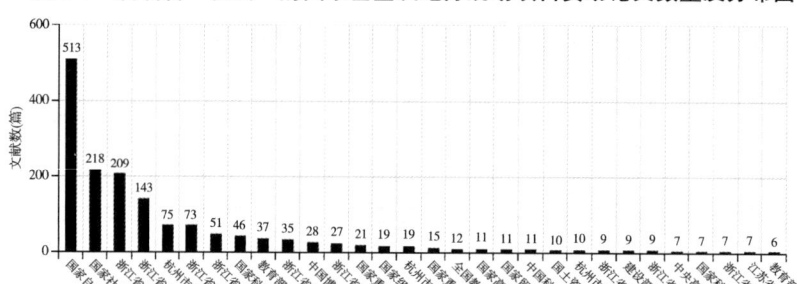

图 7-3　篇名含"杭州"的国家基金及地方规划项目资助论文数量及分布图

数据来源：中国知网（2021.6）

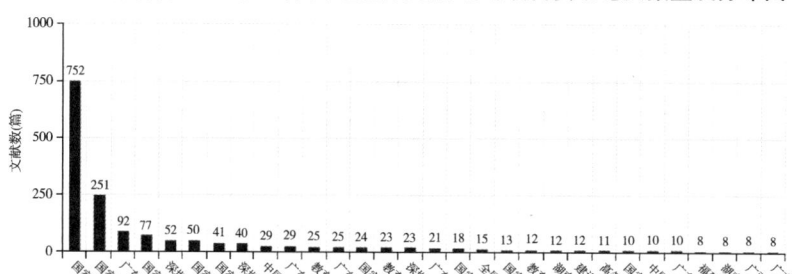

图 7-4　篇名含"深圳"的国家基金及地方规划项目资助论文数量及分布图

数据来源：中国知网（2021.6）

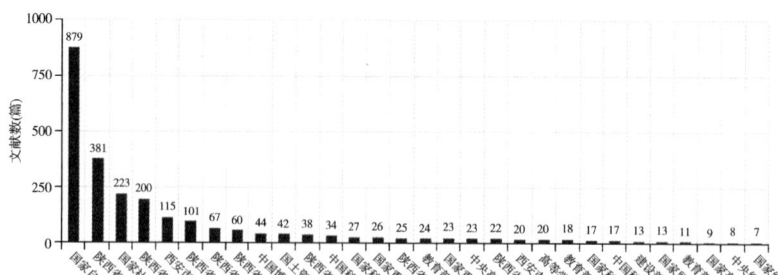

图 7-5　篇名含"西安"的国家基金及地方规划项目资助论文数量及分布图

数据来源：中国知网（2021.6）

第 7 章　成都世界文化名城建设中的创新基本要素分析 | 111

图 7-6　篇名含"武汉"的国家基金及地方规划项目资助论文数量及分布图

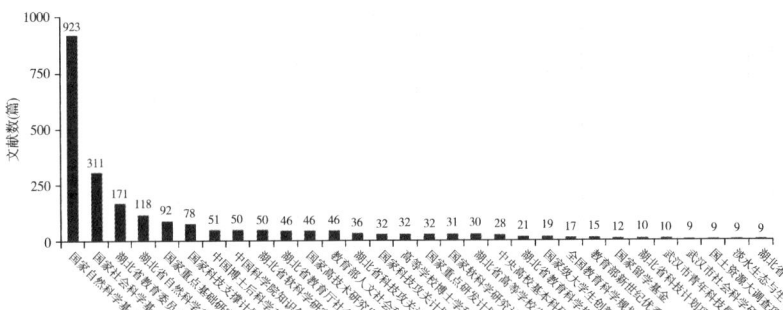

数据来源：中国知网（2021.6）

图 7-7　篇名含"重庆"的国家基金及地方规划项目资助论文数量及分布图

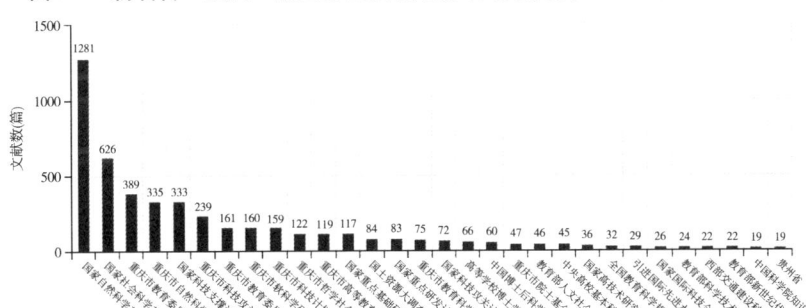

数据来源：中国知网（2021.6）

图 7-8　篇名含"广州"的国家基金及地方规划项目资助论文数量及分布图

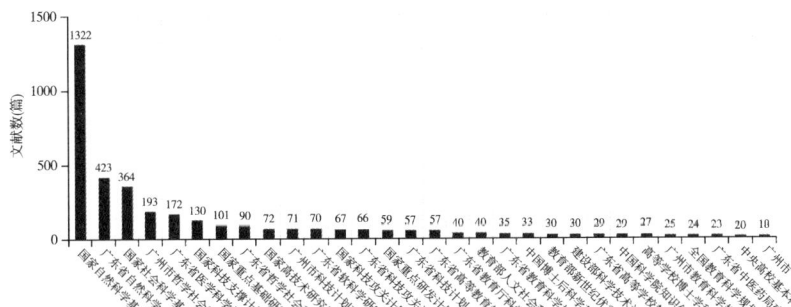

数据来源：中国知网（2021.6）

从前面的统计柱状图可以看出，无论是与关于西安、重庆、武汉等中西部城市的研究论文的数量相比，还是同关于广州、深圳、杭州等城市的论文数量相比较，由国家自然科学基金资助而产出的关于成都的论文数量是偏少的。甚至同为西部城市的重庆，与其相关且由国家自然科学基金资助而产生的论文数已经是关于成都的三倍多，而关于西安且由国家自然科学基金资助而产生的论文数则是关于成都的两倍多。即使是在由国家社科基金资助而产生的论文数量方面，关于重庆的论文数量也是关于成都的论文数量的两倍多。

由以上比较的结果可以看出，成都应加大科研投入，支持对自身城市研究的科研成果产出。

7.2.2 成都世界文化名城建设中的经济产出基本情形

良好的经济基础是世界文化名城建设的重要物质基础，而建设世界文化名城同时又可以促进经济的发展，这一点主要表现在第三产业上。成都素有消费城市的良好历史基础，自古便是中国西南地区的金融和商贸重镇，更是海上丝绸之路和陆上丝绸之路的重要交通枢纽。2017年成都第三产业增加值7390.3亿元，比上年增长8.9%，占全市地区生产总值的比重为53%，[①] 到2019年，成都第三产业生产总值达到1.1万亿元，[②] 占全省第三产业总值的45.6%。

除了第三产业生产总值的变迁能够反映成都世界文化名城建设的经济产出情形，第三产业的税收也可对此有所体现。如果仅看绝对值，成都市第三产业税收近几年都在增加，从2017年到2019年分别为1796亿元、1994亿元和2064亿元，似乎没有什么大变动。不过从增长速度来看，可以看到国际国内经济环境和经济政策对成都第三产业的显著影响。从2017年到2019年，成都第三产业税收增速从29.8%降到了11.1%和3.5%。[③] 2017年高增长的主要原因是有高投资拉动的"交通运输、仓储及邮政业"（增长67.3%）和联动之下的"信息传输、计算机服务和软件业"（增长64.9%）；而2019年这两个增长

[①] 蔡尚伟，江洋．"世界文化名城"的建设路径分析——以成都为例 [J]．西部经济管理论坛，2019，30（1）：1—11；成都市统计局，国家统计局成都调查队．成都市2017年国民经济和社会发展统计公报 [EB/OL]．（2018-07-23）[2021-09-28]．http://www.cnstats.org/tjgb/201807/cdscds-2017-gnm.html.

[②] 成都市统计局，国家统计局成都调查队．成都统计年鉴2020 [M]．北京：中国统计出版社，2020：7.

[③] 成都市统计局，国家统计局成都调查队．成都统计年鉴2019 [M]．北京：中国统计出版社，2019：103；成都市统计局，国家统计局成都调查队．成都统计年鉴2020 [M]．北京：中国统计出版社，2020：101.

速度分别降到−25.0%和−17.6%，① 两个行业的变化趋势同当时的世界经济形势基本一致，足见在开放的环境下，成都的世界文化名城建设同国家和世界的经济发展有着密切的联系。

旅游业作为第三产业的重点，同时也是世界文化名城建设的重要领域，其发展状况是考察世界文化名城建设成效的重要指标。2019 年成都的旅游收入以国内旅游为主，呈现高增长态势（见表 7-4）。

表 7-4　2018—2019 年国内主要城市的旅游收入情况②

城市类型与名称		国内旅游人数（万人次）		国内旅游总收入（亿元）		旅游外汇收入（亿美元）	
		2019 年	比 2018 年 ±%	2019 年	比 2018 年 ±%	2019 年	比 2018 年 ±%
直辖市	北京	31 800	3.7	5 866	5.6	51.90	−5.9
	上海	36 141	6.4	4 789	7.0	83.76	13.6
	天津	24 497	8.1	4 235	10.3	11.82	6.5
	重庆					25.25	15.3
副省级城市	成都	27 642	15.2	4 551	22.6	16.23	11.9
	沈阳	9 424	15.3	849	15.7	3.93	−2.4
	长春	10 115	13.1			2.30	−23.9
	哈尔滨	9 544	11.7	1 552	13.4	3.44	207.8
	青岛	11 133	13.0	1 897	14.9		
	武汉	31 586	10.8	3 422	12.6	21.60	13.9
	西安	30 110	21.7	3 146	23.1		
	南京	13 328	9.6	2 785	13.2	9.42	6.7
	济南	9 980	8.5	1 267	12.6	2.75	19.8
	广州	5 874	4.3	4 003	0.0	65.30	0.7
	厦门	9 562	12.9	1 360	19.1	42.86	13.6
	深圳			1 369	7.8	50.03	−2.2
	大连	10 286	10.6			5.90	3.9
	杭州	20 700	15.1	3 954	18.5	7.37	
	宁波	14 000	12.2	2 303	16.4	4.00	−5.0

从表 7-4 的数据我们看到，2019 年成都国内旅游游客数为 27 642 万人次，旅游人数不及上海、北京、武汉、西安，但国内旅游总收入仅次于京、

---

① 成都市统计局，国家统计局成都调查队．成都统计年鉴 2020 [M]．北京：中国统计出版社，2020：101．

② 成都市统计局，国家统计局成都调查队．成都统计年鉴 2020 [M]．北京：中国统计出版社，2020：325．

沪，达到了 4551 亿元。旅游收入是衡量旅游业发展水平的主要指标，旅游产出效率是反映旅游业经济质量的重要指标。① 2019 年成都旅游收入水平的显著增长，反映出成都在旅游相关政策制定、经济增长方式转变、旅游消费市场建设、旅游交通体系建设等方面的投入已有较好的产出。

数字文化产业、文创等新经济同世界文化名城建设有诸多交集，成都新经济的快速发展可以说也是成都世界文化名城建设成效的重要表现。从 2017 年起开始调整经济结构，明确聚焦"六大新经济形态"、构建"七大应用场景"等新经济战略以来，成都的新经济就出现了高增长的发展态势。2018 年，成都全市高新技术产业总产值突破 1 万亿元，全市新增新经济企业 4.1 万户，同比增长 19%，245 家新经济企业获得投资 170.21 亿元，新经济正在成为成都城市转型发展的新增长极。② 而到 2020 年，全市新经济企业净增 7.1 万户，8 家新经济企业在科创板成功上市及过会；成都新经济总量指数排名全国第二、新职业人群规模位居全国第三。③ 近年成都各种新经济场景、新产品的发布可以说是这座城市创新文化的重要体现。成都新经济"双千"发布会在 2020 年举办了 10 场，发布了 1050 个新场景和 1193 个新产品，释放了城市场景建设项目投资约 6400 亿元，吸引社会资本约 872.3 亿元，④ 显示出成都世界文化名城建设良好的社会、市场、文化基础和产出效益。

7.2.3 成都世界文化名城建设的社会价值产出

前文主要是从经济产出的角度来观察成都世界文化名城建设的产出情形，不过世界文化名城建设毕竟是与文化、社会等精神层面及人文环境密切相关的综合性事业，有必要从社会价值的角度对其进行观察和评价。

对市民游客而言，以"三城三都"为抓手的世界文化名城建设提供了更宜居友善的环境。2017 年年底，成都明确提出打造世界文创名城、世界旅游名城、世界赛事名城和国际美食之都、国际音乐之都、国际会展之都，此后，成都的交通、居住、公共文化服务设施得到进一步完善，有效改善了市民的居住

---

① 魏鹏，王植颖，黄欣，等. 成渝经济区旅游收入与产出效率的空间格局研究[J]. 西南大学学报（社会科学版）2020，46（6）：63.

② 周叠瑶. 创新驱动发展，成都新经济跑出新高度[J]. 小康，2019（19）：60—62.

③ 程怡欣. 成都将向全球发布"城市场景清单"[N]. 成都日报，2021-1-24（1）.

④ 杜蔚，李桑妮. 聚焦成都新经济"双千" 看多维消费场景如何塑造城市新 IP [N]. 每日经济新闻，2021-07-26（5）.

和出行条件。同时，成都的文创、体育、餐饮、会展产业取得了长足进步。2020年，成都市仅文创产业增加值达到1805.9亿元，占地区生产总值比重首次突破10%，体育产业总产值突破800亿元，餐饮业销售收入1124亿元（居全国前四位），音乐产业产值达501.71亿元，会展业总收入实现1053亿元。①这一系列的成就助力成都成为旅游"网红"城市，吸引了不少西部乃至全国有活力的青年旅客和创业者。

对城市创业者和企业而言，成都世界文化名城建设为他们提供了更宜商的创业环境。2019年是成都的"国际化营商环境建设年"，到2020年，成都的营商环境得到了明显的改善。粤港澳大湾区研究院、21世纪经济研究院2020年底联合发布的《2020年中国296个地级及以上城市营商环境报告》显示，成都在软环境、基础设施、市场总量、社会服务这四项营商环境指数上的排名分别为第六、第八、第八、第五，整体营商环境入围全国前十。②

世界文化名城建设的创新性发展除了对市民和游客具有重要的社会效益之外，对城市其他的主体也具有独特的社会价值。对城市的管理者而言，由于城市之间的竞争合作需要利用自身优势寻求差异化发展，这就能推动其社会管理理念的不断调整和效率的持续提高；对整个城市而言，以天府文化为标志的城市文化建设在中华文化满天星斗下显得独具魅力，故而建设世界文化名城有效改善了城市的形象，有助于成都文化软实力的提高；而在国家发展战略中，正如《成渝地区双城经济圈建设规划纲要》所擘画的那样，创新性的世界文化名城建设促使成都担负起成渝地区双城经济圈构建的重担，有助于推动成渝地区成为具有全国影响力的重要经济中心、科技创新中心、改革开放新高地、高品质生活宜居地，以及可以带动全国高质量发展的重要增长极和新的动力源。③

---

① 肖莹佩，蒋君芳. 成都2020年文创产业增加值超1800亿元占GDP比重首次破10%［EB/OL］.（2021-04-08）［2021-08-28］. https：//www. sc. gov. cn/10462/12771/2021/4/8/35f489a2f205433887d5102b91fa2af0. shtml.

② 广东粤港澳大湾区研究院，21世纪经济研究院. 2020年中国296个城市营商环境报告［EB/OL］.（2021-01-20）［2021-08-20］. https：//img. 21jingji. com/uploadfile/2021/0120/20210120023743599. pdf.

③ 中共中央 国务院印发《成渝地区双城经济圈建设规划纲要》［EB/OL］.（2020-10-21）［2021-08-20］. http：//www. sc. gov. cn/10462/zcjjd/2021/10/21/3b9d71728e4e47b2a937ddca8f523dba. shtml.

7.3 成都世界文化名城建设中的创新环境

城市的创新活力除了和优良的自然环境、人文气氛密切相关外,还同良好的政策环境、制度环境有直接关联。成都建设世界文化名城的总体思路、产业规划和具体实施办法等利于创新的政策,一方面来自城市的各级党政机关,另一方面来自企业、事业单位等。

7.3.1 成都世界文化名城建设的政策环境

成都世界文化名城建设是基于成都深厚的历史文化基础,在政府主导、服务之下的城市建设过程,故而成都市党委和政府在整个过程中都有明确的总体思路和具体的实施方案。

从总体思路的形成来看,2016 年,成都市委在十二届七次全会上提出,要传承和繁荣城市文化,加快建设西部文创中心和世界文化名城,提升与国家中心城市相适应的软实力。该年年底,成都市委十二届九次全会审议通过的《成都市城市总体规划(2016—2030 年)》把保护和传承城市历史文化根脉,建设世界文化名城作为核心内容纳入城市总体规划。

为了进一步落实建设总体规划,2017 年 12 月成都市委第十三届二次全会确立了加快建设全面体现新发展理念的城市、奋力实现新时代成都"三步走"的战略目标,即逐步建设国家中心城市、美丽宜居公园城市、国际门户枢纽城市和世界文化名城。2018 年 9 月,成都市委在成都市世界文化名城建设大会上明确提出,要把"三城三都"作为建设世界文化名城的"金字招牌",提交审议的《成都市建设"三城三都"三年行动计划(2018—2020 年)》,以及文创、旅游、赛事、美食、音乐、会展等六方面具体的三年专项行动计划,可以说是非常明确地规划了成都"三城三都"的具体建设路径。

除了给出世界文化名城建设的具体路径,成都市更是从文化建设的角度营造配套的政策环境。2019 年年初,中共成都市委十三届四次全会审议通过了《关于弘扬中华文明发展天府文化加快建设世界文化名城的决定》,提出通过弘扬中华优秀文化、传承巴蜀文脉来推动、深化成都市文化建设。

经济基础是城市文化行稳致远的物质前提,世界文化名城的建设必须有相应的产业作为支撑,相关的产业扶持政策或条款为产业的壮大铺平了道路。成都市陆续推出的比较具体的文化产业政策有:《成都市关于促进影视产业繁荣发展的若干意见》《成都市影视产业扶持办法》《成都市文创小镇和街区发展导则》《成都市充分利用老旧建筑发展文化创意产业的意见》《关于商业街区发展文化创意产业的指导意见》《关于川西林盘修复工程中植入文化创意的实施意见》等。①

7.3.2 成都世界文化名城建设平台

为促进成都世界文化名城建设创新性发展，成都市在举办相关论坛、搭建特定场景和构建利用相关组织等方面作出了努力。

"世界文化名城论坛"是成都为推进世界文化名城建设而举办的有影响力的理论交流与宣传平台。2018年以来，由成都市人民政府、世界文化名城论坛组委会（WCCF）主办的"世界文化名城建设论坛"已连续成功举办三届。2018年9月25日，首届世界文化名城论坛提出：用3年时间从文创、旅游、赛事、美食、音乐、会展等多个领域多角度发力，打造世界文创、旅游、赛事名城，国际美食、音乐、会展之都的"三城三都"城市品牌形象，努力把成都建设成为独具人文魅力的世界文化名城。

发挥科教资源优势打造的特色场景及载体是世界文化名城建设的另一重要平台。根据国家六部委下发的《关于促进文化和科技深度融合的指导意见》，四川省科技厅提出加快探索"单体＋基地＋集聚区"梯次壮大的示范区建设体系；支持在川、在蓉的国家文化和科技融合示范基地、国家广播电视和网络视听基地、国家数字服务出口基地等国家级基地的建设发展。

世界文化名城建设还需要各类组织机构从多方面给予支持。成都大学"天府文化研究院"等驻蓉院校属于研究组织，主要进行相关理论研究并提供决策参考；"成都市推进'三城三都'建设工作领导小组"和各区的促进组织属于政府机构，这些机构往往就是相关职能部门，是进行世界文化名城建设的重要"施工者"，负有将蓝图变为现实的重要责任；世界文化名城建设的企业组织平台主要有中国西部国际博览会、中国网络视听大会、全国糖酒会、数字版权大会等，这些行业活动与组织是世界文化名城建设创新实践的第一线。

7.3.3 成都世界文化名城建设中的系统性开放环境

随着国内经济的发展和国际环境的剧烈变化，成都市的经济形势、形态也

---

① 曾登地，郑正真. 多方着力 加快推进世界文创名城建设［J］. 先锋，2019（5）：52.

作出相应的调整。在此过程中,世界文化名城建设的开放性系统调整主要体现在产业间、国内省市间以及对国际的开放三个层面。

产业间的开放最主要的是各行业与科技的融合发展。成都市政府立足自身情况,同时借鉴京、沪、深、宁等城市先进经验,在2020年发布《供场景给机会加快新经济发展若干政策措施》等政策文件,为世界文化名城建设的相关行业、产业营造了新的应用场景、创造了新的机会。这些措施通过支持硬核技术攻关、加快布局新型基础设施、汇聚关键数据夯实场景突破的基础;通过支持应用场景市场验证、发布城市机会清单、加大示范推广打造应用场景"IP"创新场景供给的方式;通过支持创新产品推广、资本联动、组建企业联盟厚植场景培育的土壤。①

国内开放主要是指成都在各经济带、城市之间的开放。得益于国家层面西部大开发、长江经济带建设、成渝地区双城经济圈建设等战略环境,成都在建设国家中心城市方面取得了显著成效。2021年10月,中共中央、国务院印发《成渝地区双城经济圈建设规划纲要》,再次确立了成都作为西部重要经济中心、科技中心、文创中心、对外交往中心和综合交通枢纽的功能定位。

世界文化名城建设过程中创新性的国际开放环境建设,主要体现在成都对"一带一路"经济带的深度融入和参与。由于"成渝地区双城经济圈位于'一带一路'和长江经济带交汇处,是西部陆海新通道的起点,具有连接西南西北,沟通东亚与东南亚、南亚的独特优势"②,成都必须在与重庆建设好双城经济圈的基础上,以陆海交通大发展为基础,围绕中欧班列打造一个高度开放、充分竞争的物流服务平台、积极地参与到全球生产分工以及与北美、西欧和日本等发达国家的国际贸易当中去。③

---

① 杨泉.《供场景给机会加快新经济发展若干政策措施》政策解读[EB/OL].(2020-03-31)[2021-08-01]. http://gk.chengdu.gov.cn/govInfoPub/detail.action?id=2598494&tn=2.

② 谢希瑶,安蓓.《成渝地区双城经济圈建设规划纲要》发布[EB/OL].(2020-10-20)[2021-10-20]. http://www.gov.cn/xinwen/2021-10/20/content_5643915.htm.

③ 高柏. 全面把握成都在国家战略中的定位 当好实施"一带一路"战略的排头兵[J]. 先锋,2017(4):7—10.

第 8 章

成都世界文化名城建设创新生态的优化策略与路径

在前文基础上,本章首先对成都的世界文化名城建设进行 SWOT 分析并提出对策,然后借助演化经济学的相关理念,从"创新生态"这一系统性动态演化的视角对 SWOT 的平面静态分析进行相应修正。

8.1 成都世界文化名城建设的 SWOT 态势及对策

制定一个城市的发展战略,必须要基于对其历史、现实和前景的综合分析和判断。尽管 SWOT 态势分析一般用于分析企业竞争发展过程中的优势、劣势、机会及威胁,且有一定的局限性,[①] 但由于成都建设世界文化名城期间各行业的创新活动从一定角度来看,也是一种竞争性的社会行为,因此进行结构化的要素分析有助于提高成都在世界文化名城建设中的创新能力。

8.1.1 成都世界文化名城建设的 SWOT 基本态势

从成都自身来说,建设世界文化名城的一个重要优势在于拥有优越的自然条件,气候适宜、降水适度,适合人居。成都位于东西部地形急剧变化的过渡地带,独特的地理气候条件孕育了周边丰富多样的文化资源和相对稳定的社会

---

① SWOT 的主要局限性在于分析过程中对机会、优势、劣势、威胁等参数间相互影响的忽视,以及对内外环境的静态假定和衡量标准的主观性。关于 SWOT 分析方法的优劣和改进,可参阅宋继承、潘建伟的《企业战略决策中 SWOT 模型的不足与改进》(《中南财经政法大学学报》2010 年第 1 期),以及黄炜、王兆峰的《SWOT 模型批判》(《管理科学文摘》2006 年第 8 期)。

发展环境，巴蜀地区东西部文化在成都平原交汇沉积，形成了古蜀文化、蜀汉文化、诗歌文化、水文化、熊猫文化等连续而丰富的文化资源。2011—2021年的10年间吸引了约582万的人口定居成都，人口新增量仅次于深圳、广州，人口新增量位列全国第3，总人口数达到2094万人①。

有人员输入就有新需求、新市场，新增人口不仅显示出成都的吸引力，也同样为成都提供了活力与机遇。成都新经济增长的良好态势推动成都形成了新的优势：2020年，成都市新经济企业净增7.1万户，8家新经济企业在科创板成功上市，新经济总量指数排名全国第二。在习近平总书记关于公园城市建设的思想指导下，成都的高质量发展综合指数已进一步提升至全国第6。② 然而，即使成都的新经济高速发展推动其形成了较为明显的新优势，也始终不能忽略成都长期以来存在的问题，即成都所在西部地区因经济洼地效应造成的人均收入偏低、增长乏力等相对劣势。

从外部来看，成都建设世界文化名城拥有的首要机遇是当前以内循环为主的国际国内双循环经济大背景。此外，走公园城市创新发展的新道路，与重庆一道形成继京津冀、长三角、珠三角之后又一中国经济增长极也是成都所拥有的政策优势。而来自外部的某些因素则为成都世界文化名城建设带来了一定的挑战。首先是中美贸易战、科技战对对外开放和交流的负面影响。其次是新冠肺炎疫情直接或间接地影响各种文化生活、体育赛事的举办。再次是来自西方意识形态的干扰以及成渝地区或中西部城市之间的同质化发展模式带来的无序竞争。

以上关于成都世界文化名城建设的内外优劣因素，如果按SWOT分析模板来呈现，其大致情形如图8-1所示。

---

① 连续6年，成都第一［EB/OL］．（2021-05-28）［2021-05-28］．http：//cdxjj.chengdu. gov. cn/xjjzw/c001001/2021－05/28/content_d31df87ef4eb4df7836453b031687fc8. shtml.

② 成都高质量发展综合指数居全国第六位［EB/OL］．（2021-05-25）［2021-05-25］．http：//cdxjj. chengdu. gov. cn/xjjzw/c001001/2021－05/25/content_3e61c4e84f39488d838843ad650567ac. shtml.

第 8 章 成都世界文化名城建设创新生态的优化策略与路径 | 121

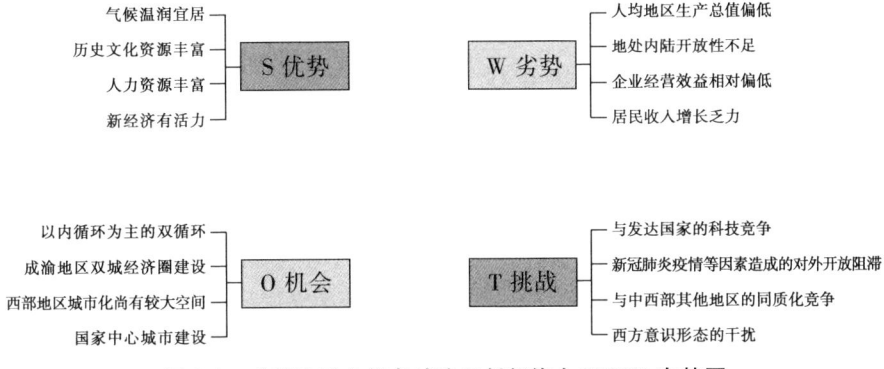

图 8-1 成都世界文化名城建设创新能力 SWOT 态势图

8.1.2 成都世界文化名城建设中的创新能力 SWOT 对策

城市发展的优劣、态势、机会、威胁等因素是相对客观的，要提高城市发展能级，必须对城市的各方因素进行合理配置，才能给出不同层次的策略。如果将前面成都世界文化名城建设创新能力 SWOT 态势中各主要因素进行排列，至少可以有下列几种情形。对应不同的排列组合方式，也形成了表 8-1 中增长性发展、扭转性、多元发展和前瞻性防御等四种对策。

表 8-1 成都世界文化名城建设中的创新能力 SWOT 对策矩阵

	S 优势	W 劣势
	s1. 气候温润宜居 s2. 历史文化资源丰富 s3. 人力资源丰富 s4. 新经济有活力	w1. 人均地区生产总值偏低 w2. 地处内陆开放性不足 w3. 企业经营效益相对偏低 w4. 居民收入增长乏力

续表

O 机会	SO 增长性发展	WO 扭转性发展
o1. 以内循环为主的双循环 o2. 成渝地区双城经济圈建设 o3. 西部地区城市化尚有较大空间 o4. 国家中心城市建设	so1. 吸引国内外优秀人才 so2. 成渝携手做大优势产业 so3. 发挥人力资源多层次优势 so4 培育创新主体	wo1. 将人均地区生产总值偏低的劣势转化为生活成本不高且宜居宜业的营商环境优势 wo2. 抓住航空枢纽建设机会，建设欧亚大陆航空开放前沿阵地，提高机场营收水平 wo3. 在尚未完成的西部地区城市化进程中，发挥后发优势，用新经济行业提高居民收入 wo4. 创新政府管理模式，降低企业不必要的政策机会成本，提高企业收益，吸引并留住优质企业，培植强大的头部企业
T 挑战	ST 多元发展	WT 前瞻性防御
t1. 与发达国家的科技竞争 t2. 与中西部其他地区的同质化竞争 t3. 新冠肺炎疫情等因素造成的对外开放阻滞 t4. 西方意识形态的干扰	st1. 加强技术创新与科技教育研究，储备创新人才与力量和品牌力量 st2. 发挥新经济优势，拓展新经济增长空间 st3. 寻找城市新文化形态，发展与网络技术密切结合的新经济形态 st4. 提高城市文化自信	wt1. 积极融入国家新科技发展规划布局前沿科技领域 wt2. 除了"一干多支""成渝双城"，还需关注中部地区发展态势，避免重复建设 wt3. 依托相关科研机构，布局相应的前瞻性基础研究 wt4. 加强网络空间等非传统类型的文化思想阵地建设

8.2 成都世界文化名城建设过程中的 SO 增长性发展对策与 WO 扭转性发展对策

结合成都的自然禀赋和社会特征，成都应充分发挥自身优势，抓住当前各种机遇，防范国内外人为或自然风险，提高世界文化名城建设的创新能力，同时，转变经济增长方式，实现高质量的经济社会发展。

8.2.1 SO 增长性发展对策

一是要充分利用成都优越的生活条件，吸引国内外多层次优秀人才。成都近年由于城市的美誉度不断提高，已逐渐成为国内高校毕业生的重要选择目标。"2020中国人才指数"显示，外省籍来成都就业的大学生占比从2018年的25.8%，快速上升到2019年的35%，可见成都对人才具有吸引力。需要改进提高的是在政策方面精准调控，吸引科技、文化人才。

二是借力成渝地区双城经济圈建设的政策东风，同重庆携手做大成渝地区的优势产业。成渝地区双城经济圈的发展规划包含了经济、文化等方面，其中，文化的融合发展是成渝地区双城经济圈发展的灵魂所在。成渝地区的巴文化与蜀文化是同一地理单元中相近而互补的文化"双子座"，协同打造巴蜀文化旅游走廊既是对巴蜀文化文脉的延续，也是面向未来推动成渝地区双城经济圈文化发展的现实需要和重要途径。

三是发挥成都地理过渡带上人力资源多层次优势。有观点认为四川及成都的发展不平衡状态是中国经济的缩影，[①] 这其实是由区位和历史所决定的。成都并不具备像长三角地区城市群那样的均衡发展条件，因为成都平原周边自然条件对人才的吸引力不及成都平原，所以成都仍然需要发挥"一干多支"中的主干作用，向东从陆路与重庆连通，互补发展，向西、向南则陆空并行，打造空中"10小时半径朋友圈"，同时融入国家西部陆海新通道建设。

四是从多个层面培育城市的创新主体。一般认为创新的主体是科学技术人员，尤其是自然科学和工程技术、生物医学方面的创新，但如果从整体看，城市各层面的建设参与者都是创新环节上的组成部分，所以哲学社会科学工作者以及党政管理层都是重要的创新主体。成都作为一个人口超过2000万的超大型城市，其基本管理方式和营城策略都需要不断创新。

8.2.2 WO扭转性发展对策

一是将人均地区生产总值偏低的劣势转化为生活成本不高且宜居宜业的营商环境优势。长期以来，成都无论经济总量还是人均地区生产总值均与东部发达地区有较大差距，但在近几年各城市间的人才"大战"中仍然获得了不少人才的青睐，尽管成都的薪资水平、人均地区生产总值无法媲美北上广深，但各地人才最终选择成都，其背后的原因部分在于成都相对温和的物价、房价和自然、人文环境。因此，从另一个角度来说，成都的所谓劣势也算是一种宜居宜业的新优势。

---

① 张明海. 区域发展不平衡 这道题四川这样解[N]. 四川日报，2019-09-03(5).

二是扭转因地处内陆造成的水路、海路开放不足的局面，促进航空枢纽创新性发展，建设欧亚大陆航空开放前沿阵地。成都既没有重庆、武汉、杭州等地的水运资源，更没有上海、深圳等地的海运优势，但有相对于西安、昆明、贵阳等地的航空优势。成都在与泸州、乐山、攀枝花、德阳等地打造"无水港"的同时，已经将天府国际机场投入使用。成都由此同时拥有两个 4F 级机场，再次强化了其作为西部地区航空枢纽的作用，同时也奠定了成都在"一带一路"建设中前沿性的地位。

三是扭转城镇化水平相对东部沿海城市较为落后的局面，创新性地将其转化为城市的后发优势。近代以来，中国三次城市化进程中，东西部一直存在显著差异，当前东西部城市化最为明显的差异之一是西部的城市化进程缺乏周边小城镇的工业和经济的有效支撑。成都周边的资阳、南充、德阳、内江、眉山等地 65 岁以上人口均超过 20%，这些地区的城市化道路不可能和东部地区一样再经历由工业化引导城市化，只能是以中心城市为轴心，以轻轨交通、高速公路为纽带，发展城市群、都市圈，① 由此就不难理解当前成渝地区双城经济圈为何成为国家重要战略了。

四是创新政府的管理模式。如前文所说，党政管理者既是科研、企业创新行为的服务者与管理人，同时自身也是重要的创新主体。成都市党政机关必须在党的领导下不断探索中国特色社会主义道路中的成都路径与方式，把握城市发展方向、谋定世界文化名城建设策略，用科学的方法提高规划、决策、修正能力。创新政府管理模式，降低企业不必要的政策机会成本，用科学的服务和管理水平吸引并留住优质新经济企业，提高企业收益，培植强大的头部企业。

8.3　成都世界文化名城建设过程中的 ST 多元发展对策与 WT 前瞻性防御对策

从创新文化的视角来看，成都世界文化名城建设除了要充分发挥优势、扭转劣势外，还必须着眼未来，从文化、科技、管理、开放等角度实施多元发展策略，以抓住机会，防范、化解内外各种风险。

---

① 刘世庆. 东西部城市化差异与西部战略——中国城市化水平估计在 50% 以上[J]. 河北经贸大学学报，2003 (1): 25.

8.3.1　ST 多元发展对策

一是立足具有浓郁地方特色的天府文化，深耕中华文明、胸怀世界优秀文化，从城市、国家、世界三个维度深入提高成都的城市文化自信。在信息传输越来越便捷的当今，全国各地、世界各地的文化交流将越来越频繁便捷，国际国内交流的增多必定会带来文化扁平化、创新效应快速边际化等趋势，要想谋求城市文化的创新性就必须立足自身的自然、历史与文化条件。

二是加强技术创新与科技教育研究，储备创新人才与力量。为了提高成都的科技创新能力，必须尊重科学发展规律，为科技创新人才提供良好的软硬条件，在基础研究上需要加强容错机制的建设，因为科学的创新过程实际上就是一个不断"试错"的过程。另外，从长远看，成都的科技创新还仰赖于良好的教育环境：中小学教育必须注重培养青少年的创新意识，高等教育方面则需要在质和量两方面齐头并进，因为相对于成都两千多万的人口规模而言，现有的在蓉高校数量和在校大学生数量是很少的，而这往往与一个城市的创新能力呈正相关关系。

三是发挥新经济成长优势，拓展新经济增长空间。新经济本质是创新，尤其是科学技术的创新，新技术是新经济发展的原动力。[①] 同时，新经济的发展形成的新模式、新业态、新产业也会形成新需求、新市场，反过来催生新技术乃至新科学、新思想。成都作为西部城市，之所以能够在新经济发展中出现良好势头，源自其良好的人文、自然条件以及国家对成都的发展定位。成都各项经济指标虽不及先行开放并发展起来的长三角、珠三角，但长期稳定的发展历程为其城市文化的升级奠定了良好的历史文化和社会基础，成都一定要充分发挥好这种优势，并抓住当前以国内循环为主的双循环经济形势所形成的重要机会，构建智慧城市、智能制造、智能医养等新经济产业和事业。

四是弱化新冠肺炎疫情等不可控因素对旅游、演艺等传统第三产业造成的巨大冲击，寻找城市新文化形态，发展与网络技术密切结合的新经济形态。新冠肺炎疫情的影响至今未除，成都和国际国内其他城市一样，实体经济受到巨大冲击，全球化进程仿佛暂停，疫情使得成都原本计划开展的各种演艺、会展、赛事不得不延迟或取消。不过，我们也要看到这种影响的两面性，那就是

---

① 何东，丁灿，徐武明，等. 加快提升科技创新驱动力　为成都新经济快速发展注入新动能 [J]. 西部经济管理论坛，2019，30 (1)：12.

在线下经济受到冲击的同时，"宅经济"、远程教育、在线办公、网络会议、远程医疗都在短时间内实现了爆发式增长。① 尽管当前成都和整个中国一样，存在基础投资规模大但产出效益并不是很高、人均收入偏低的劣势，但随着疫情时期成都网络新经济的异军突起，我们似乎看到了发展态势良好的成都新经济也有可能成为"中国经济新未来的缩影"②。

8.3.2　WT前瞻性防御对策

一是加强网络空间等非传统类型的文化思想阵地建设，防范思想文化领域的各种风险。任何文化事业、产业的建设都不仅仅是局限于发展旅游、美食、文创、会展、音乐等，而是会涉及思想意识形态方面的非传统安全问题，尤其在全民都是信息源的去中心化的网络空间中，以文创、音乐、旅游、会展等为抓手的世界文化名城建设完全有可能面临内外各种信息的干扰。因此，一定要加强网络安全建设。同时，要重视开展全民阅读，为市民提供良好的阅读公共服务设施和内容。

二是积极融入国家新科技发展规划，布局前沿科技领域，将科技优势同文化产业进行深度融合。成都作为西部重要的国家中心城市，科技、文化发展必须同国家战略保持高度一致。以本地科研院所和高校研究力量积极响应国家相关规划，才能找准未来经济社会对科技创新的新需求。

三是在"成渝地区双城经济圈""一干多支"框架下担负起推动区域内协调发展的重任，同时关注中部地区发展态势，防范地区间的重复建设和内耗式无效发展。成都在西部地区尽管有一定的发展优势，但与同为国家中心城市的武汉相比却有一定不足：武汉拥有的国家级重点实验室、高等学校和高新技术企业均比成都多。中部和西部均有可能承接东部及珠三角地区的产业转移，因此，成都应改善创新环境和营商环境。

四是依托成都科研院所的研究力量，布局相应的前瞻性基础研究。三线建设以来，电子、信息、航空及生物制药已经成为成都的支柱产业。成都在这些领域有较强科研力量的机构，除了电子科大、川大、西南交大等高校外，还有

---

① 安国俊，贾馥玮. 新冠疫情对经济的影响分析及对策研究［J］. 金融理论与实践，2020（3）：45—51；黄寰，张宇，王洪锦. 新经济赋能新冠疫情防控：十大场景与九大机遇［J］. 新经济导刊，2020（1）：71—77.

② 裴佩."力争做中国经济新未来的缩影"——专访省经济发展研究院院长、研究员王小刚［J］. 四川党的建设（城市版）2013（4）：36—37.

中国电子科技集团第十、第二十九和第三十研究所,以及中国航天科技第七研究院、成都飞机设计研究所、中国民航局第二研究所、核工业西南物理研究院等。因此,成都要充分依托科研平台,夯实科创基础,把相关领域的新技术运用到城市文化的建设中去。

8.4　动态、整体而持续地优化城市创新生态

为了修正 SWOT 态势分析方法中因静态假设形成的误差,我们主张将城市的创新活动从生态视角进行观察。这个视角最本质的逻辑在于:由于文化、经济、科学创新主体的生物性,其创新活动和成果也同时具有非均衡和不可预测的发展特征;同时,人类社会的特征使得人类的创新行为具有整体、联系、变化的特征。在这样的视角下,城市管理者除了关注创新行为本身的投入产出问题,还需要持续地以动态、整体的方式改善创新生态环境。

对城市创新环境的所谓动态改善,就是在考虑各种常量的同时还要考虑变量因素和各种反馈。之所以要对创新环境做整体考虑,是因为创新的核心是城市中的人。从这个角度看,世界文化名城建设中的投入及产出,可以说只是创新活动的表现或结果。

8.4.1　提高成都社会科学研究经费使用效率

科学研究是创新的基础,"我们国家要赶上世界先进水平,从何着手呢?……要从科学和教育着手。科学当然包括社会科学"[①]。与世界文化名城建设密切相关的社会科学研究同自然科学研究一样,需要有持续的资金投入,并应充分发挥其促进和导向作用。因为符合科研规律和特点的科研经费管理制度和办法能激发科研人员的创新活力,从而提高科研质量和效率。哲学社会科学的基础研究能够推动文化创新,成都要提高世界文化名城建设的创新能力、营造良好的创新环境,就必须加强与之直接相关的社会科学研究。当前社科研究存在的问题首先是投入不足,其次是资金使用效率和转化率较低。

社科研究科研经费的投入不足,包括了绝对不足与相对不足两个方面。到 2020 年,成都作为一个人口超过 2000 万的超大型城市,其哲学社会科学规划投入经费已经连续 5 年没有显著增长,这可以说是成都社科经费的"绝对"不

---

① 邓小平. 邓小平文选(第 2 卷)[M]. 北京:人民出版社,1994:48.

足。成都社科研究经费投入的相对不足也表现在两方面。一方面是自身的相对不足，即在人口增加而哲学社会科学经费没有显著变化的情况下，成都市人均的哲学社会科学科研经费投入实际上是下降的。另一方面则是指前文提到的，成都与重庆、南京等其他城市相较之下的不足。为建设世界文化名城，成都必须加强与之直接相关的哲学社会科学研究，提高成都市哲学社会科学规划项目的投入额度与科研经费使用的合理性，鼓励科研人员潜心基础研究，让科研人员全心投入研究。

针对上述问题，一方面要提高经费的投入比例，另一方面则要提高经费的使用效率，就是科学管理科研经费。目前，对科研人员和科研经费管理存在着阻碍科研人员创新的因素。李克强总理近年来一直都很关心这个问题。2016年，李克强总理就指出，"不能用管理行政人员的办法管理教学科研人员"，"尊重劳动、尊重知识、尊重人才、尊重创造不能停留在口头上、文件中，更不能口惠而实不至！"① 2018年，李克强总理进一步指出，要切实把科研人员从烦冗的审批、烦琐的杂务中解放出来，赋予科研人员更大经费使用自主权，"一定要尽早解开科研人员的各种束缚，使他们全身心地投入到自己钻研的业务领域。"②

到了2021年，李克强总理再次从科研投入的角度指出，我国"基础研究投入只占到研发投入的6%，而发达国家通常是15%到25%。我们下一步要加大基础研究的投入，还要继续改革科技体制，让科研人员有自主权，很重要的是要让科研人员有经费使用的自主权，不能让科研人员把宝贵的精力花在填表、评比等事务上，还是要让他们心无旁骛去搞研究，厚积才能薄发"③。可见，各地在基础研究的经费投入和使用方面一直都存在可以改善的空间。

---

① 储思琮. 李克强：不能用管理行政人员办法管理科研人员［EB/OL］.（2016-05-31）［2021-05-30］. http：//www.gov.cn/xinwen/2016－05/31/content＿5078502.htm.

② 李克强：要赋予科研人员更大经费使用自主权［EB/OL］.（2018-07-05）［2021-05-30］. http：//www.gov.cn/guowuyuan/2018－07/05/content＿5303635.htm.

③ 李克强总理出席记者会并回答中外记者提问［EB/OL］.（2020-03-12）［2021-05-10］. http：//www.banyuetan.org/yw/detail/20210312/1000200033137441615511917911652527＿1.html.

8.4.2 "扩二促三":将人员流转化为人才流、资金流、技术流

所谓创新驱动,最本质上是人才驱动。对城市而言,人口流入就意味着需求、市场、机会的增加,当然,也意味着具有创新能力的人才流入的可能性增大。要发挥成都的人口聚集优势,必须将成都普通的人口流转化为人才流,这样才可能实现物资流、资金流和技术流的聚集。

第七次全国人口普查结果显示,成都市 2020 年常住人口超过 2000 万人,比第六次普查时增加了 581.89 万人,增长 38.49%。① 由于优越的气候、地理条件和休闲的城市文化氛围,成都在全国各大城市的"抢人"大战中初步胜出,成为和深圳、上海、广州、北京等创新能力较高的城市一样的人口净流入地,人口流入规模位列全国第六。

第七次普查的数据表明,成都总人口中研究生及以上学历程度人口占比为 1.67%,比 2010 年(0.77%)提高 0.9 个百分点;大学本科学历程度人口占总人口的比重为 11.55%,比 2010 年(6.77%)提高 4.78 个百分点。② 从新增人口年龄结构上看,第七次普查期间成都 15－59 岁劳动适龄人口达 1439.29 万人,总量比第六次普查增加 326.48 万人,增长达 31.14%。③ 数据表明,成都人口受教育程度稳步提高,这有利于城市的创新活动。

如果说成都人口受教育程度提高并非个案,一定程度上是中国新增劳动力受教育程度普遍提高的结果,那么,青壮年人口的持续大量流入则可以表明成都在人才吸引方面确实存在较强的优势。历年的统计数据表明,成都已成为不少地区的青年求学、创业的首选城市,与之密切相关的城市美学也是激发城市创新文化的重要因素。西部养老人群的流入则将吸引相关资金流入,充分带动医疗、养老等相关产业发展,符合成渝两地打造高品质生活宜居地的国家战略规划。显然,成都"全龄友好"的城市策略为创新驱动下的世界文化名城建设提供了政策保障。

城市要保持创新驱动力的持久,持续吸引人才只是第一步。任何创新活动

---

① 成都统计局. 成都人口发展新特征新趋势[R/OL].(2021-05-27)[2021-05-30]. http://www.cdstats.chengdu.gov.cn/htm/detail_385112.html.

② 成都统计局. 成都人口发展新特征新趋势[R/OL].(2021-05-27)[2021-05-30]. http://www.cdstats.chengdu.gov.cn/htm/detail_385112.html.

③ 成都统计局. 成都人口发展新特征新趋势[R/OL].(2021-05-27)[2021-05-30]. http://www.cdstats.chengdu.gov.cn/htm/detail_385112.html.

都仰赖于完善的系统环境，政府必须营造良好的产业环境才可能留住人才并激发其持续创新的能力。第三产业极为发达的城市，其实仍然具有深厚的第二产业基础。二产和三产是相互依托、促进的关系，扩大第二产业有利于促进第三产业。发达的制造业是现代经济体系的重要支撑，也是创新的重要主体。鉴于成都和其他诸多中国城市一样，制造业增加值比重和从业人员比重连续几年下降，[①] 因此，成都要提高创新能力、走高质量发展道路，必须从提升三产质量和扩大二产规模上着手。2020 年，成都地区生产总值 17 716.7 亿元，其中第二产业实现增加值 5418.5 亿元，增长 4.8%；第三产业实现增加值 11 643.0 亿元，增长 3.6%。三次产业结构比例为 3.7∶30.6∶65.7。[②] 从近五年成都第二、三产业结构看，第二产业尽管绝对值有所增加，但占比下降较快：从 2015 年的 39.5% 下降到 2019 年和 2020 年的 30.8% 和 30.6%。

以高技术制造业为代表的第二产业是经济发展的重要支撑，成都必须牢牢把握东部新城和天府新区的发展定位，尽可能将人口流有效转化为资金流、技术流和物资流。成都同时推进的天府新区和东部新城建设，在产业布局方面注重差异化，这有利于二产与三产的协调发展。成都应在东部新城依托新建的天府机场发展临空经济，同时加大力度发展高新制造业。而在天府新区，成都一方面将以综合性国家科学中心为引领，依托"中科系""中核系"等 40 余个国家级科研机构及本地高校，规划发展以人工智能、集成电路、5G 通信、信息安全、医药卫生等技术为代表的"成都科学城"；另一方面则着力推动发展创意设计、数字影视、文博旅游，建设可以促进第三产业发展的"天府文创城"。

---

① 叶振宇. 中国制造业比重下降趋势探究与应对策略［J］. 中国软科学，2021 (5)：12—25.

② 经济运行加快恢复 发展态势稳步向好 2020 年全市经济增长 4.0%［R/OL］.（2021-01-28）［2021-05-30］. http：//www. cdstats. chengdu. gov. cn/htm/detail_333124. html.

参考文献

中共中央文献研究室. 习近平关于科技创新论述摘编［A］. 北京：中央文献出版社，2016.

中共中央文献研究室. 习近平关于全面建成小康社会论述摘编［A］. 北京：中央文献出版社，2016.

中华人民共和国国家统计局. 中国统计年鉴 2020［M］. 北京：中国统计出版社，2020.

成都市统计局，国家统计局成都调查队. 成都统计年鉴 2020［M］. 北京：中国统计出版社，2020.

中共四川省委宣传部，四川省发展和改革委员会，四川省社会科学院，等. 辉煌 60 年　四川经济社会发展成就系列图册　科技教育篇［M］. 成都：四川人民出版社，2009.

阎星，等. 改革开放 30 年·成都经济发展道路［M］. 成都：四川人民出版社，2009.

上海市人民政府新闻办公室，上海市统计局. 上海概览 2020［M］. 上海：上海人民出版社，2020.

邱爽. 创新资本驱动论［M］. 北京：中国商业出版社，2020.

［英］卡萝塔·佩蕾丝. 技术革命与金融资本［M］. 田方萌，胡叶青，刘然，等，译. 北京：中国人民大学出版社，2007.

［英］梅特卡夫. 演化经济学与创造性毁灭［M］. 冯健，译. 北京：中国人民大学出版社，2007.

刘朝臣，鲍步云. 创新文化论［M］. 合肥：合肥工业大学出版社，2008.

［美］彼得·德鲁克. 创新与企业家精神［M］. 蔡文艳，译. 北京：机械工业出版社，2009.

［美］布莱恩·阿瑟. 复杂经济学［M］. 贾拥民，译. 杭州：浙江人民出版社，2018.

刘昫，等. 旧唐书［M］. 北京：中华书局，1975.

徐鹏. 陈子昂集［M］. 北京：中华书局，1960.

李焘. 续资治通鉴长编［M］. 北京：中华书局，2004.

顾祖禹. 读史方舆纪要［M］. 北京：中华书局，2005.

傅崇矩. 成都通览［M］. 成都：成都时代出版社，2006.

《成都通史》编纂委员会. 成都通史［M］. 成都：四川人民出版社，2011.

贾大泉. 宋代四川经济述论［M］. 成都：四川省社会科学院出版社，1985.

任乃强. 华阳国志校补图注［M］. 上海：上海古籍出版社，1987.

邓小平. 邓小平文选（第2卷）［M］. 北京：人民出版社，1994.

成都市地方志编纂委员会. 成都市志·丝绸志［M］. 北京：方志出版社，2012.

何一民. 从农业时代到工业时代：中国城市发展研究［M］. 成都：巴蜀书社，2009.

成都市推进"三城三都"建设工作领导小组办公室，成都市社会科学院. 成都建设世界文化名城报告（2017—2019）［M］. 成都：四川人民出版社，2020.

李明斌. 羊子山土台再考［M］//成都文物考古研究所. 成都考古研究（一）上. 北京：科学出版社，2009.

解学芳. 论科技创新主导的文化产业演化规律［J］. 上海交通大学学报，2007（4）.

王玉芹，张德. 创新型文化与企业绩效关系的实证研究［J］. 科学学研究，2007（S2）.

费利群. 论以创新驱动战略思想为导向的学习型政党和创新型国家建设［J］. 山东社会科学，2011（5）.

宋继承，潘建伟. 企业战略决策中SWOT模型的不足与改进［J］. 中南财经政法大学学报，2010（1）.

叶振宇. 中国制造业比重下降趋势探究与应对策略［J］. 中国软科学，2021（5）.

黄炜，王兆峰. SWOT模型批判［J］. 管理科学文摘，2006（8）.

高锡荣，胡小娟，柯俊. 基于文献编码分析的创新文化概念体系构建［J］. 软科学，2016，30（1）.

朱章义，张擎，王方. 成都金沙遗址的发现、发掘与意义［J］. 四川文物，2002（2）.

赵丰. 汉代踏板织机的复原研究［J］. 文物，1996（5）.

四川川剧艺术研究院课题组. 川剧剧种的孕育与形成——《川剧百年史》第三章［J］. 四川戏剧，2004（2）.

蔡尚伟，江洋. "世界文化名城"的建设路径分析——以成都为例［J］. 西部经济管理论坛，2019，30（1）.

成都：老公园焕发新活力［N］. 成都日报，2020-6-14（2）.

后　记

　　创新是一种高级智力活动，随着创新主体的变化，其模式也有所不同。个体的创新需要个体的冒险精神、求新求变精神、怀疑精神；团队的创新需要团体成员具备奋斗精神、合作精神、开放精神；社会创新，需要社会具有尚贤、包容、诚信、平等等文化氛围和精神。①

　　在世界文化名城建设过程中，成都这座城市努力营造求新、求变、合作、开放、尚贤、包容的文化氛围和城市精神，促进个体、团队和全社会的创新，这就构成了所谓的创新文化。任何精神和思想离不开实践基础，同时也会对社会实践起到主观的能动作用。本研究即试图从创新文化这种形而上的精神层面来观察成都世界文化名城建设这个基于文化的实践过程。

　　各城市关于世界文化名城建设以及创新理念、创新文化的研究均有不少成果，本研究从创新文化视角来观察成都的世界文化名城建设，一方面可以说是对创新这一新发展理念进行的积极探索，另一方面也可以说是对成都的城市建设方式的一种梳理认识。我们努力尝试在新时代的新发展理念——创新及其背后的创新文化的指导下，对世界文化名城建设做出客观的分析，并希望由此总结经验、提出建议。

　　用创新文化的视角来观察现实中具体的世界文化名城建设，这是一种较新而又颇为令人期待的尝试，但写作过程的艰苦证明创新并不容易。困难至少来自两方面：一是源我们自对创新实践、创新文化等新概念认识粗浅；二是源自笔者对成都世界文化名城建设的把握大多停留于书面，尚需大量实地调研为研究提供更贴合现实的启示。

　　本书在写作过程中得到了课题组成员的全力配合，大家努力尝试用不同的理论视角来观察成都世界文化名城建设这项生动的城市建设实践活动，但终因笔力不逮、成稿仓促，成书仍有待进一步深化。

　　全书具体分工情况：胡越英负责全书框架及撰写第7、8章，冯婵撰写第4、6章，孙艳撰写第3、5章，张羽军撰写第1、2章。

---

　　① 高锡荣，胡小娟，柯俊. 基于文献编码分析的创新文化概念体系构建［J］. 软科学，2016，30（1）：129—134.